EL PODER
DE LA ATRACCIÓN
MASCULINA

Índice

Introducción

En un mundo lleno de cambios constantes y relaciones cada vez más complejas, el poder de la atracción masculina se convierte en una herramienta esencial para quienes buscan destacar, conectar y triunfar en sus relaciones personales y profesionales. Este libro, "El Poder de la Atracción Masculina", no es simplemente un manual de seducción, sino una guía completa para desarrollar carisma, confianza y magnetismo personal desde el interior hacia el exterior.

La atracción masculina no es un rasgo reservado solo para unos pocos; es una habilidad que todos los hombres pueden aprender, dominar y utilizar para transformar sus vidas. Aquí descubrirás los secretos detrás de la confianza inquebrantable, el lenguaje corporal poderoso, y la comunicación efectiva, herramientas fundamentales para ser no solo atractivo, sino también auténtico y respetado.

A lo largo de estas páginas, exploraremos cómo proyectar una imagen que inspire respeto y admiración, cómo conectar emocionalmente con quienes te rodean, y cómo convertirte en la mejor versión de ti mismo. No se trata de trucos o manipulaciones, sino de descubrir el verdadero potencial que ya existe dentro de ti y de usarlo para alcanzar tus metas personales y emocionales.

Si alguna vez has sentido que te falta confianza, que tus relaciones no tienen la profundidad que deseas, o que simplemente quieres destacar en un mundo competitivo, este libro te proporcionará las herramientas necesarias para lograrlo. No importa si estás buscando fortalecer una relación existente, atraer a tu pareja ideal, o simplemente entender cómo funcionan las dinámicas de atracción, aquí encontrarás respuestas prácticas y efectivas.

Prepárate para un viaje de autodescubrimiento y transformación. El poder de la atracción masculina está en tus manos. Todo comienza con una decisión: ser el hombre que siempre has querido ser.

¡Comencemos!

UNO

1.1 Desmintiendo los Mitos de la Atracción

Es fácil caer en la trampa de creer que para atraer a una mujer basta con tener buena apariencia o mucho dinero. A menudo, los hombres asumen que estos son los factores determinantes para conquistar, pero en realidad, aunque pueden captar una atención inicial, no son suficientes para generar una atracción profunda y duradera.

Piénsalo: ¿cuántas veces has visto a hombres que no son físicamente impresionantes o multimillonarios estar acompañados de mujeres atractivas y seguras de sí mismas? La atracción verdadera va mucho más allá de lo superficial. Lo que realmente conecta a una mujer con un hombre es su **confianza en sí mismo, autenticidad y la calidad de su carácter.**

Recuerdo una vez, en una reunión de amigos, conocí a una mujer que, a simple vista, parecía estar rodeada de hombres interesados en ella. Los amigos trataban de impresionarla con sus logros profesionales y sus historias de éxito. Pero, a diferencia de ellos, yo decidí hablar sobre mis aficiones y pasiones, y compartir algunas de mis metas personales sin alardes. Para mi sorpresa, ella se sintió mucho más conectada conmigo. Me comentó que valoraba mi sinceridad y el hecho de que no intentara ser alguien que no soy solo para impresionarla. Esta experiencia me enseñó que la autenticidad siempre sobresale entre la multitud de "falsas apariencias" que muchos intentan proyectar.

Te contaré lo que le paso a Juan, un hombre que conocí hace unos años, solía pensar que necesitaba dinero para atraer a la mujer de sus sueños. Trabajaba largas horas, sacrificando tiempo libre y su bienestar, para lograr ese objetivo, y aunque el llego en un momento a tener una libertad financiera nada delo que hacía le resultaba con las mujeres, hasta que finalmente comprendió que el verdadero atractivo estaba en su personalidad y en su amor por lo que hacía. Al dejar de lado la necesidad de "impresionar económicamente", y dedicarse a lo que realmente disfrutaba, no solo se sintió más pleno y feliz, sino que también atrajo a varias mujeres a su vida sin mucho esfuerzo simplemente comenzó a ser autentico, y las mujeres realmente valoran mucho eso, una mujer valora la autenticidad y pasión por la vida.

Este primer paso es clave: entender que los mitos de la apariencia y el dinero son solo eso, mitos. Una conexión verdadera se construye sobre bases más profundas y duraderas.

1.2 Lo que Realmente Llama la Atención a una mujer

Uno de los elementos más irresistibles en un hombre es el carisma. Y, por suerte, el carisma no es algo con lo que se nace; es algo que puedes desarrollar y perfeccionar. El carisma tiene que ver con **la energía que proyectas y la presencia que tienes** en cualquier lugar. La presencia, a su vez, es la capacidad de estar plenamente en el momento y hacer que las personas se sientan escuchadas y valoradas cuando interactúan contigo.

Imagina a dos hombres en una cena de grupo. El primero intenta acaparar la atención, hablando sin parar de sus logros y de sus opiniones. El segundo hombre, en cambio, escucha atentamente, hace preguntas, es gracioso, sonríe, es espontaneo y mantiene contacto visual. Al final de la noche, es el segundo hombre el que las personas recordarán y admirarán. Esa capacidad de escuchar y de demostrar interés genuino es una forma poderosa de carisma que muchas veces se subestima.

Hace algunos años, me propuse mejorar mi presencia y carisma. Comencé practicando la escucha activa. En lugar de pensar en lo que diría a continuación, trataba de concentrarme realmente en lo que la otra persona me estaba contando, de mirar a los ojos y de hacer preguntas que demostraran interés genuino. Fue sorprendente notar cómo la gente reaccionaba a este cambio. Recuerdo haber conocido a una mujer que me dijo que apreciaba el hecho de que realmente parecía escucharla, algo que pocos hombres hacían, y eso generó una atracción inmediata.

Cuando trabajas en tu presencia, la gente lo nota. No tienes que hacer grandes esfuerzos para destacar, pero si acompañado a esto tú le añades tu carisma, éste hablará por ti.

1.3 La Autenticidad Como Pilar de la Atracción Masculina

La autenticidad es una de las cualidades más magnéticas que un hombre puede poseer. Las mujeres, especialmente, tienen un instinto agudo para detectar cuando alguien está fingiendo o tratando de ser algo que no es. Si quieres atraer a una mujer que valore quién eres, necesitas sentirte cómodo en tu propia piel y no temer ser tú mismo. Te daré un ejemplo, Roberto, un amigo mío, siempre fue de pocas palabras. No era el típico extrovertido que atraía miradas por donde pasaba, pero él sabía muy bien que era un hombre de valores y soñador, él sabía lo que quería en la vida. En una reunión social, a pesar de no hablar mucho, y solo hacer unos pocos comentarios de que es lo que pensaba, al final de la reunión las mujeres se sintieron intrigadas por su presencia tranquila y su autenticidad. Una de ellas, quien luego se convertiría en su pareja, confesó que le atraía el hecho de que él no intentara encajar en ningún molde ni impresionarla, sino que simplemente era él mismo, algo refrescante en medio de tanta superficialidad.

En mis primeros años en las citas, solía intentar "moldear" mi personalidad para encajar con la mujer que tenía en mente. Con el tiempo, aprendí que esto solo creaba una desconexión interna. Un día, decidí ser honesto sobre mis intereses y mis puntos de vista, incluso si no encajaban con lo que la otra persona esperaba. Fue un cambio revelador: las conexiones que logré desde entonces fueron mucho más genuinas y profundas, y descubrí que la autenticidad es un imán para las personas que valoran quién eres de verdad.

1.4 La Importancia de una Visión y Propósito en la Vida

Uno de los rasgos que más atraen a una mujer es un hombre que sabe a dónde va en la vida, que tiene una visión y un propósito claro. Este propósito no tiene que ser algo grandioso o idealista; puede ser tan simple como tener metas personales y estar comprometido con ellas. Un hombre con un propósito proyecta pasión y seguridad, dos cualidades sumamente atractivas.

Daniel, un conocido mío, no tenía un trabajo impresionante ni un estilo de vida lujoso, pero sí una meta clara: construir un negocio propio. A pesar de no contar con grandes recursos, su dedicación y enfoque lo hacían destacar. Con el tiempo, conoció a una mujer que se sintió profundamente atraída por su visión y su pasión. Ella veía en él a alguien que, aunque enfrentaba dificultades, estaba comprometido con sus sueños. Hoy en día, Daniel y ella son una pareja sólida, y él sigue persiguiendo su meta con el mismo entusiasmo de siempre. Piensa en qué te apasiona, en lo que realmente quieres lograr y cómo puedes dedicar tiempo y esfuerzo a ello. Cuando una mujer observa que tienes un propósito claro, se siente inspirada y atraída, porque el compromiso y la determinación son cualidades contagiosas.

1.5 Ejercicio Práctico: Descubriendo Tu Mejor Versión

Para cerrar este capítulo, quiero ofrecerte un ejercicio que puede ayudarte a descubrir tu mejor versión y proyectarla al mundo. Este ejercicio no es complicado, pero sí requiere que seas honesto contigo mismo.

Ejercicio:

Paso 1: Escribe tres cosas que te hacen único. Piensa en tus fortalezas, en lo que disfrutas y en tus valores.

Paso 2: Reflexiona sobre tres áreas en las que te gustaría mejorar. Sé sincero, pero no te critiques. Este es un paso hacia tu crecimiento.

Paso 3: Define una meta que represente algo importante para ti y que te gustaría alcanzar en los próximos seis meses.

Paso 4: Asegúrate de que cada día estás dedicando tiempo a convertirte en esa mejor versión. Esto no solo te ayudará a tener confianza, sino que también proyectará una imagen de constancia y propósito a los demás.

Con estos puntos iniciales, comenzamos el camino para entender los elementos profundos de la atracción masculina. A medida que te descubras y trabajes en estos aspectos, notarás cómo la atracción surge de manera natural, sin necesidad de forzar una conexión. Este es solo el comienzo de un proceso que, cuando se realiza con honestidad y dedicación, te lleva a convertirte en un hombre verdaderamente irresistible.

DOS

Desarrollando Autoconfianza y Seguridad Personal

Si hay una cualidad que resalta a un hombre y lo hace irresistiblemente atractivo, esa es la **confianza en sí mismo**. La autoconfianza es la base de toda conquista; es la manera en que un hombre se percibe y proyecta su valor. Este capítulo explora cómo desarrollar esa seguridad personal que no solo atrae a las mujeres, sino que también te da poder en cualquier aspecto de la vida.

2.1 Entendiendo el Verdadero Significado de la Autoconfianza

La autoconfianza no se trata de ser arrogante o presumido, sino de tener una certeza interna de quién eres y de lo que puedes ofrecer. La confianza se construye y se mantiene al conocerse a uno mismo y al reconocer tanto las fortalezas como las áreas de mejora.

Ejemplo Inspirador: Miguel, un hombre que alguna vez fue mi compañero de trabajo, era una persona discreta y de pocas palabras. No intentaba llamar la atención ni presumía de sus logros. Sin embargo, su seguridad era evidente en cada uno de sus movimientos y palabras. Había pasado años trabajando en su desarrollo personal y emocional, y su autoconfianza era tan sólida que podía entrar a cualquier lugar con una presencia que hacía que la gente quisiera conocerlo. No necesitaba decir que era seguro de sí mismo; su comportamiento lo demostraba.

Para llegar a este nivel de confianza, el primer paso es **conocerte bien y ser seguro de ti**. Si no sabes quién eres, difícilmente puedes proyectar una imagen de seguridad. Cuando se dice que debes ser seguro de ti mismo, primero debes saber bien quién eres tú, Este proceso de autoconocimiento implica reflexionar sobre tus logros, tus fracasos y tus lecciones de vida.

2.2 Superando el Miedo al Rechazo

El miedo al rechazo es una de las barreras más comunes que impiden a los hombres desarrollar autoconfianza. Es natural temer que la otra persona no responda de la forma en que esperamos, pero es importante recordar que el rechazo no es una sentencia definitiva sobre quién eres, sino simplemente una respuesta en una situación específica. Recuerdo que, en mis primeros intentos de acercarme a alguien que me interesaba, el miedo al rechazo era casi paralizante, muchas veces se no sabía ni que decir o decía cosas sin sentido finalmente me sentía rechazado. Sin embargo, después de recibir un "no" y reflexionar sobre lo ocurrido, me di cuenta de que el rechazo no era tan aterrador como lo había imaginado. Fue un proceso de aprendizaje que me enseñó a desdramatizar la situación. Aprendí que el rechazo es simplemente una señal de que esa persona y yo no coincidimos o que yo necesitaba más confianza en mí, y saber eso está bien porque ya tenemos un punto de partida.

La clave está en entender que, al enfrentar el rechazo, también se está desarrollando la resiliencia. Si puedes superar ese miedo, te vuelves más fuerte, y cada "no" que recibes te acerca a un "sí" verdadero.

2.3 Ejercicios para Construir Seguridad Personal

La confianza es como un músculo: puedes fortalecerla con práctica y compromiso. Aquí tienes algunos ejercicios prácticos para desarrollar tu seguridad personal:

1. **Practica la Posición de Poder**: Estudios han demostrado que adoptar una postura de poder (espalda recta, cabeza en alto, hombros relajados) durante unos minutos antes de un evento importante puede aumentar la confianza. Haz este ejercicio frente al espejo y observa cómo te sientes.

2. **Lista de Logros y Habilidades**: Escribe una lista de tus logros personales, habilidades y momentos en los que has superado dificultades. Lee esta lista cada vez que sientas que tu confianza disminuye. Esto te recordará que eres capaz y valioso.

3. **Sal de tu Zona de Confort Regularmente**: Cada vez que haces algo nuevo y desafiante, tu zona de confort se expande y tu confianza crece. Puedes comenzar con pequeños pasos, como hablar en público o tomar la iniciativa en

situaciones sociales, animarte a hacer algo que antes no hacías.

2.4 La Importancia de la Autoimagen

La autoimagen, es decir, la forma en que te ves a ti mismo, juega un rol fundamental en cómo los demás te perciben. Si te ves como una persona segura y valiosa, otros lo notarán. La autoimagen se construye a través de tus pensamientos y de las afirmaciones que te haces a ti mismo.

He conocido a varias personas que solían quejarse de su mala suerte en las citas. Siempre se ven a sí mismos como "el tipo común", sin nada especial. Un día, en una conversación, le sugerí a uno de ellos que comenzara a verse desde otra perspectiva ya no negativa, sino que viera todo lo positivo de sí mismo, que se observara a sí mismo como en un espejo y que pusiera en relevancia todas sus fortalezas que veía en él. Empezó a cambiar su forma de hablar de sí mismo y a mejorar su aspecto personal, desde su vestimenta hasta su lenguaje corporal. Este cambio en su autoimagen y su auto observación transformó su vida amorosa, porque dejó de pensar que "no tenía nada especial" y comenzó a proyectar la seguridad de alguien que se valora.

Párate frente al espejo todos los días y di en voz alta tres cosas positivas sobre ti mismo. Al principio puede sentirse extraño, pero con el tiempo, estas afirmaciones positivas comenzarán a reforzar una autoimagen positiva, lo que atraerá a los demás de forma natural.

2.5 Ser el Hombre que Eres sin Pedir Permiso

A veces, en el proceso de conquistar a alguien, es tentador actuar de una forma que no refleja quién eres realmente. Sin embargo, la autenticidad, como vimos en el capítulo anterior, es clave. Ser el hombre que eres sin pedir permiso implica ser genuino, estar orgulloso de tus valores y tus decisiones, y no intentar encajar en moldes que otros han creado para ti.

Alejandro, un hombre que solía esforzarse mucho por agradar y que constantemente cambiaba su personalidad según la persona que tenía enfrente. Con el tiempo, esto le llevó a sentirse vacío y desconectado de su verdadera esencia. Tras reflexionar, decidió dejar de intentar impresionar y se comprometió a ser auténtico, sin importar las consecuencias. Al adoptar esta actitud, notó cómo las mujeres respondían mejor a su presencia y cómo él se sentía más en paz consigo mismo. Alejandro se dio cuenta de que la verdadera atracción proviene de la autenticidad.

En conclusión, ser tú mismo es el acto más poderoso que puedes hacer. Cuando no pides permiso para ser quién eres, las personas correctas se sentirán atraídas hacia ti de manera natural.

2.6 Convertir los Errores en Experiencias de Crecimiento

Es importante recordar que la seguridad personal no significa que nunca cometerás errores; significa que, cuando los cometas, aprenderás de ellos y seguirás adelante con confianza. Cada error es una oportunidad para aprender y mejorar, y esto también es atractivo. La vulnerabilidad y la capacidad de reconocer los errores y aprender de ellos proyectan madurez y crecimiento personal.

Alejandro de quien hablamos hace un momento era un hombre que solía castigar mucho a sí mismo por cada error en su vida amorosa. Cualquier pequeño error se convertía en una razón para criticar su valor personal. Con el tiempo, se dio cuenta de que esta mentalidad no lo llevaba a ningún lado y decidió cambiar su enfoque. En lugar de castigarse, comenzó a ver cada experiencia como una lección, y así se volvió más seguro de sí mismo y menos temeroso de cometer errores.

Para convertir los errores en crecimiento, debes comenzar a ver cada experiencia como una lección, una parte necesaria de tu evolución. La atracción no solo se trata de ser perfecto, sino de saber adaptarse y aprender de los tropiezos.

Desarrollar autoconfianza y seguridad personal es fundamental para la atracción masculina. La confianza auténtica nace del autoconocimiento, la aceptación y el compromiso con el propio crecimiento. Al practicar estos principios y fortalecer tu seguridad, te conviertes en un hombre que irradia atracción natural, sin necesidad de pretensiones ni superficialidad.

La autoconfianza no solo mejora tus relaciones, sino que transforma tu vida en todos los aspectos. Un hombre seguro de sí mismo, auténtico y resiliente es magnético, y su presencia impacta de manera positiva a quienes lo rodean.

TRES

Las relaciones, al igual que las personas, pasan por etapas de cambio y evolución. A veces, después de una ruptura, te das cuenta de que deseas volver con esa persona que por alguna razón ya no está en tu vida. Este capítulo explora cómo reconquistar a una mujer sin perder de vista tu valor personal. La reconquista es posible, pero debe basarse en un enfoque de respeto, autenticidad y autoestima.

3.1 Redefinir el Motivo de la Reconquista

Antes de dar el primer paso para reconquistar, pregúntate: **¿por qué quieres que vuelva a tu vida?** La respuesta a esta pregunta es esencial. Muchas veces, el deseo de reconquista viene del miedo a la soledad o de la nostalgia, más que del amor genuino. Si tu motivo es sano y real, entonces el siguiente paso es trabajar en ti mismo y en lo que puedes ofrecer de manera renovada y auténtica. Recuerda que reconquistar a alguien es mucho más que convencerla de regresar. Es volver a mostrarle el valor de lo que compartieron, pero con una versión de ti mismo mejorada y más segura. Estás buscando recuperar algo valioso, pero eso no significa rogar o perderte en el proceso.

3.2 Trabajar en Ti Mismo: La Mejor Estrategia de Atracción

La reconquista comienza contigo. Después de una ruptura, es probable que ambos hayan cambiado, y para reconquistar de manera efectiva, necesitas estar en tu mejor versión. Trabaja en tus áreas de mejora, mantén tus proyectos personales y continúa siendo el hombre que ella admiraba. Si hay aspectos que tú mismo reconoces como limitantes o que podrían haber afectado la relación, ahora es el momento de transformarlos.

Un amigo mío, Manuel, había perdido a la mujer que consideraba "el amor de su vida". En lugar de suplicarle que volviera, tomó tiempo para mejorar su vida y su estado emocional. Se enfocó en sus proyectos, trabajó en su salud empezó a ir al gimnasio y enfocarse en sus proyectos, aunque al inicio no era fácil el enfocarse lo logro y al hacerlo, se convirtió en un hombre que no solo era atractivo, sino que también irradiaba una nueva energía. Al reencontrarse con su expareja, ella pudo ver el cambio sin que él tuviera que decir una palabra.

Consejo: Cuando vuelvas a conectar con ella, asegúrate de que vea esta versión renovada y auténtica de ti. La confianza y la mejora continua son tus mejores aliadas en la reconquista.

3.3 Actuar desde el Respeto y la Calma

Uno de los errores más comunes en la reconquista es intentar forzar el regreso. La insistencia y las súplicas crean el efecto contrario, pues transmiten desesperación. En lugar de rogar, permite que la otra persona sienta que el regreso es una decisión que ella también desea. Hazle ver, sin palabras, que tú eres un hombre seguro que sabe su valor y que valora el respeto mutuo.

Algunas veces cuando un hombre quiere recuperar a alguien que ha dejado una gran huella en su vida. Al principio, intenta acercarse de manera directa y a veces insistente hasta de forma desesperada, haciendo que ella lo llegue a notar. Luego te das cuenta que esto solo la aleja más. Si esto te está pasando, debes decidir cambiar de estrategia y actuar desde la calma, mostrándote seguro y respetando su espacio. Poco a poco, ella volverá a abrirse contigo, y al final por libre elección ella se acercará de nuevo. Con esta experiencia comprenderás que el respeto y la calma son las claves para abrir las puertas de una relación pasada, sin presiones. Muchas veces las mujeres se darán cuenta de un hombre que es inseguro y con poco aprecio por si mismo, y esto las aleja totalmente. Tienes que lograr que ella se dé cuenta, que se lo está perdiendo si no está contigo, puede costarte mucho al inicio, pero solo tienes que darle tiempo.

3.4 Reconectar desde Nuevas Experiencias y Conexiones

La reconquista no significa retomar donde lo dejaron, sino construir algo nuevo juntos. Al acercarte de nuevo, evita traer recuerdos constantes del pasado, especialmente si fueron dolorosos o si fueron los causantes de la ruptura, en su momento podrán hablar de ello. En cambio, busca crear nuevas experiencias y conversaciones que le muestren que eres alguien diferente, alguien que ha crecido. Por ejemplo, Roberto y Ana habían terminado por diferencias en sus objetivos personales. Tiempo después, Roberto sintió que deseaba recuperarla, la contactó sin insistencia hasta que logro salir con ella, pero decidió no hablar de las antiguas discusiones. En lugar de eso, comenzó a compartir nuevos intereses y a invitarla a actividades diferentes. Al construir una conexión renovada, ambos descubrieron que podían crear un nuevo comienzo, basado en la evolución de cada uno.

A medida que vuelvas a acercarte, propón experiencias frescas y hazle sentir que, aunque compartieron un pasado, el presente está lleno de posibilidades nuevas.

3.5 Saber Cuándo Dejar Ir y Recordar tu Valor Personal

La reconquista es un camino válido, pero también es importante que recuerdes que tu valor no depende de una relación. La decisión de seguir adelante con tu vida siempre debe estar presente como una opción válida. No siempre recuperar a alguien es el final de una historia de amor. A veces, lo mejor para ambos es avanzar en caminos separados, y reconocer esto también es una muestra de madurez y seguridad.

Una vez, después de muchos intentos por reconquistar a una mujer, me di cuenta de que el esfuerzo no traía paz ni bienestar, sino que desgastaba mi valor personal. Decidí que era momento de seguir adelante, y esa decisión me permitió reenfocarme en mí mismo. Años después, al mirar atrás, comprendí que dejar ir fue una de las decisiones más importantes y liberadoras.

Aprendí que no se trata de retener a alguien, sino de construir una vida plena, con o sin esa persona.

3.6 Actuar con Dignidad: La Reconquista sin Rogar

Reconquistar no es perder la dignidad ni cambiar tus principios. Para una reconquista efectiva, recuerda que eres un hombre valioso que merece respeto y amor. Si decides acercarte de nuevo, hazlo desde un lugar de dignidad. No cedas a la tentación de rogar ni de suplicar. Actuar con dignidad te dará una fortaleza inigualable, y si ella decide regresar, será porque reconoció en ti un hombre que valora su propio camino.

La reconquista debe ser una elección libre, no una obligación. Mientras actúas con dignidad y respeto, ten la certeza de que estás en control de tu vida y tus decisiones. Recuerda que eres un hombre con valor propio, y que hay muchas mujeres en el mundo. Si esta mujer no regresa, no significa que no seas digno de amor; simplemente significa que alguien más será quien valore y admire la persona que eres.

Reconquistar a una mujer es completamente posible, pero la verdadera clave está en comprender si ella realmente vale la pena, ya que debes reconocer claramente si estas buscando el regreso por amor o desesperación por la ruptura y si vas a hacerlo no debes perder tu esencia ni tu valor personal. Trabaja en ti mismo, actúa con calma y respeto, y permite que ella vea el hombre en el que te has convertido. Recuerda siempre que, aunque reconquistar a alguien puede ser un bello capítulo en tu vida, también es valioso saber cuándo dejar ir. Tu valor no depende de una relación; tú eres valioso y completo por ti mismo.

CUATRO

Una Nueva forma de Atracción

Superar una relación pasada y sanar el corazón es fundamental para que puedas construir algo nuevo y atractivo. A veces, una mala experiencia amorosa deja cicatrices que nos llevan a tener dudas y temores que afectan la manera en que interactuamos con nuevas personas. Este capítulo te mostrará cómo sanar y recuperar tu equilibrio, para que puedas ser un hombre atractivo desde un lugar de paz y confianza.

4.1 El Proceso de Curación: Paso a Paso

La recuperación después de una ruptura es un proceso que lleva tiempo y paciencia. No existe una fórmula mágica para dejar atrás el dolor, pero hay pasos que puedes seguir para sanar. El primer paso es **aceptar que el dolor forma parte del proceso**. Intentar evitarlo solo lo hace más intenso. Dale tiempo y espacio para sentir, sin juzgarte ni precipitarte.

Cuando conocí a Marco, un hombre que había pasado por una ruptura difícil. Al principio, trataba de evitar el dolor distrayéndose con amigos y saliendo a fiestas, pero cada vez que se encontraba solo, el dolor regresaba con más fuerza. Un día, decidió enfrentar sus sentimientos de manera honesta. Empezó a escribir en un diario sobre lo que sentía, lo que había aprendido y lo que quería para el futuro. Con el tiempo, este proceso de reflexión lo ayudó a sanar. Hoy en día, Marco no solo superó esa relación, sino que tiene una visión mucho más clara de lo que desea. Debes entender que el sol siempre volverá a salir después de la tormenta, y esto pasará antes, si solo comienzas a reflexionar y dejar ir.

Al permitirte sentir y reflexionar, comienzas a crear un espacio para la sanación. Recuerda que no estás solo en esta experiencia y que cada paso que das te acerca a una versión más fuerte y consciente de ti mismo.

4.2 Transformando el Dolor en Poder

Una de las cosas más poderosas que puedes hacer es transformar el dolor en una fuente de crecimiento y fortaleza. Cada experiencia difícil nos da la oportunidad de aprender y redefinir nuestras expectativas. Este proceso no solo te ayuda a superar la ruptura, sino que también te prepara para construir relaciones más sanas y satisfactorias en el futuro.

Después de una ruptura importante, me encontré en una etapa de autocrítica y dudas. Sin embargo, decidí usar esta etapa para analizar mis errores y entender qué había hecho bien y qué podía mejorar. Al reflexionar sobre la relación desde un punto de vista constructivo, descubrí aspectos de mi carácter y mis expectativas que antes no había considerado. Esta introspección me permitió no solo sanar, sino que también me dio claridad sobre lo que realmente quería en una pareja. Al final, el dolor se convirtió en una fuente de motivación para ser una mejor versión de mí mismo.

Te aconsejo si aún no lo has superado, que escribas una carta a tu relación pasada. Exprésale todo lo que sentiste y agradece las lecciones que aprendiste. No tienes que enviarla; puedes quemarla después de escribir pero si decides guardarla, veras que cuando la vuelvas a leer en el futuro, dirás; no es posible que haya dejado que esa relación te hiciera tanto daño, y sonreirás de la gracia. este ejercicio es para liberar emociones y convertir el dolor en una fuente de crecimiento.

4.3 Cómo Liberarse de los Pensamientos Negativos

Después de una ruptura, es fácil caer en pensamientos de autocrítica o en creencias limitantes. Puedes comenzar a cuestionarte: "¿Hice algo mal? ¿No soy suficiente?" Estos pensamientos no solo te lastiman, sino que también afectan tu capacidad de atraer a alguien nuevo. Liberarte de estos pensamientos es crucial para empezar de nuevo desde un lugar de autovaloración.

Un amigo mio solía atormentarse con pensamientos negativos después de una separación. Durante meses, se repetía que no era suficiente o que nunca encontraría a alguien como su expareja. Le di algunos consejos en base a mi experiencia, a partir de esto, un día, decidió probar algo diferente: cada vez que surgía un pensamiento negativo, lo reemplazaba conscientemente por uno positivo, recordando sus cualidades y logros. Poco a poco, esos pensamientos negativos perdieron fuerza y, con el tiempo, empezó a ver su valor de manera clara y sólida.

Así que Cada vez que surja un pensamiento negativo, reemplázalo con una afirmación positiva. Por ejemplo, si piensas "Nunca encontraré a alguien como ella", reemplázalo con "Merezco una relación sana y feliz", "Soy un hombre atractivo y de valor". Haz de esto un hábito y verás cómo tu mentalidad cambia gradualmente.

4.4 Enfocarte en Tu Crecimiento Personal

Una de las mejores maneras de sanar es centrarte en tu crecimiento personal. Esto no solo mejora tu bienestar emocional, sino que también te hace más atractivo para futuras relaciones. El crecimiento personal implica trabajar en aspectos como tus habilidades sociales, tu salud física, tus pasiones y tus proyectos personales. Al mejorar en estas áreas, no solo recuperas el equilibrio, sino que también te conviertes en una versión más atractiva y completa de ti mismo.

Nico, un amigo que había pasado por un divorcio difícil, decidió enfocarse en mejorar su vida después de la separación. Se unió a clases de cocina, comenzó a practicar un deporte que siempre había querido probar y retomó el hábito de leer. Al dedicar tiempo a sus intereses y su desarrollo, no solo recuperó la alegría de vivir, sino que también descubrió nuevas pasiones y habilidades que lo hicieron más seguro de sí mismo.

Mi consejo es que hagas una lista de tres cosas que siempre has querido hacer o mejorar en tu vida. Dedica tiempo cada semana a estas actividades y comprométete a crecer en cada una de ellas. No solo te sentirás más completo, sino que también fortalecerás tu autoconfianza y tu atractivo.

4.5 Prepararte para Nuevas Conexiones

Sanar significa estar listo para abrirse a nuevas experiencias. Cuando te has permitido sanar y has trabajado en tu crecimiento personal, estás en una posición ideal para iniciar una nueva etapa con una mente y un corazón renovados. Esto no significa que tengas que buscar inmediatamente una relación, sino que estás abierto a la posibilidad de conectar desde un lugar de paz y autoconfianza.

Tras superar esa ruptura importante que conté anteriormente, me tomé el tiempo de sanar y de descubrir aspectos de mí mismo que antes no conocía, terminé siendo un excelente jugador de tenis, no sabía de esas habilidades potenciales que tenía. Cuando finalmente decidí que estaba listo para conocer a alguien nuevo, lo hice sin expectativas ni presión. Me di cuenta de que las conexiones más auténticas y valiosas surgen cuando no estás buscando desesperadamente llenar un vacío, sino cuando tienes la disposición de compartir quién eres desde un lugar de autenticidad.

Recuerda: una relación sana y exitosa comienza contigo mismo. Cuando estás en paz y confianza, las personas correctas aparecen naturalmente en tu vida.

Superar una relación pasada no es fácil, pero el proceso de sanación es una de las experiencias más transformadoras y enriquecedoras. Al permitirte sentir y reflexionar, convertir el dolor en una fuente de aprendizaje y enfocarte en tu crecimiento personal, te preparas para construir relaciones nuevas y satisfactorias. Las experiencias difíciles son a menudo las que nos enseñan las lecciones más valiosas, y sanar del pasado te da la oportunidad de crear una versión de ti mismo más fuerte, atractiva y equilibrada.

CINCO

El Poder de la Comunicación Masculina Atractiva

Una de las herramientas más poderosas en la atracción es la comunicación. La manera en que hablas, escuchas y transmites tus ideas puede marcar la diferencia entre crear una conexión profunda o perder el interés de la persona frente a ti. Este capítulo explora cómo una comunicación auténtica y atractiva se convierte en un imán para las mujeres, enseñándote a mejorar tanto en tus palabras como en tu lenguaje no verbal.

5.1 La Importancia de la Escucha Activa

Escuchar activamente es un arte que pocos dominan. Muchas veces, en una conversación, estamos pensando en lo que vamos a decir a continuación en lugar de prestar atención genuina. La escucha activa es una de las habilidades más atractivas, pues hace sentir a la otra persona valorada y comprendida.

Recuerdo un encuentro en el que me di cuenta de lo poderosa que puede ser la escucha activa. Durante una conversación, en lugar de responder con una historia sobre mí, decidí escuchar atentamente, asentir y hacer preguntas que demostraran interés. La mujer frente a mí mencionó lo inusual que era hablar con alguien que realmente la escuchaba. Me di cuenta de que, en un mundo donde todos quieren ser escuchados, el hombre que sabe escuchar se convierte en alguien especial.

En tu próxima conversación, concéntrate en escuchar sin interrumpir ni dar opiniones de inmediato. Haz preguntas relacionadas con lo que te dicen para mostrar interés genuino. Este simple cambio hará que las personas disfruten más de tu compañía y te perciban como alguien atento y confiable.

5.2 Cómo Usar el Lenguaje Corporal a Tu Favor

La comunicación no es solo lo que dices, sino cómo lo dices. Tu lenguaje corporal, desde tu postura hasta tu contacto visual, transmite seguridad o nerviosismo, entusiasmo o indiferencia. El lenguaje corporal atractivo proyecta confianza y autenticidad.

Mantén una postura relajada pero erguida, con los hombros hacia atrás y la cabeza en alto. Haz contacto visual sin forzar; esto demuestra seguridad y apertura. Mantente atento a los gestos y señales de la otra persona, ajustando tu lenguaje corporal para reflejar interés y comodidad.

Una vez, en una reunión social, conocí a un hombre que, sin decir una palabra, proyectaba seguridad y carisma. Observé cómo usaba su lenguaje corporal: su postura era relajada y segura, y cuando escuchaba, mantenía un contacto visual cálido y sin distracciones. Las personas alrededor se sentían atraídas por su presencia. Me quedó claro que el lenguaje corporal tiene el poder de hablar sin necesidad de palabras.

5.3 Elegir Palabras que Crean Conexión

La elección de palabras puede ser una herramienta poderosa en la atracción. No se trata de usar frases ensayadas, sino de expresarte con autenticidad y sinceridad. Palabras amables y positivas crean una atmósfera atractiva y agradable, mientras que un tono negativo o crítico puede destruir el ambiente.

En una conversación, utiliza frases positivas y evita las críticas o los comentarios negativos. Practica responder con empatía y muestra interés en lo que la otra persona está diciendo. Cuando te expresas de manera abierta y positiva, creas un ambiente propicio para la conexión.

5.4 La Importancia de la Vulnerabilidad en la Comunicación

La vulnerabilidad no es debilidad; es la capacidad de mostrarte humano y genuino. A veces, compartir una experiencia personal o una emoción sincera puede crear una conexión profunda. La vulnerabilidad permite que la otra persona vea más allá de la superficie y conecte contigo en un nivel emocional.

Durante una conversación con alguien que me interesaba, en lugar de mantener una imagen perfecta, me abrí y le conté una experiencia que me había marcado profundamente. Su respuesta fue una conexión genuina. Ella valoró mi sinceridad y autenticidad. Aprendí que mostrar nuestras experiencias y sentimientos reales no nos hace débiles, sino más accesibles y humanos.

En tus próximas conversaciones, intenta compartir una experiencia o un pensamiento que muestre tu lado vulnerable. Puede ser algo pequeño, pero al mostrar esta faceta, creas un espacio de confianza y conexión.

5.5 Cómo Adaptar la Comunicación en la Era Digital

La comunicación hoy en día no solo ocurre en persona, sino también en plataformas digitales. Saber comunicarte de forma atractiva en redes sociales y aplicaciones de citas es esencial en la era actual. Tu presencia en línea debe reflejar tu personalidad auténtica y tu interés genuino, sin caer en exageraciones ni presiones.

Conocí a un hombre que tenía éxito en las redes sociales no se preocupaba por impresionar ni aparentar. Compartía intereses y experiencias reales, y esto atraía naturalmente a personas que se identificaban con él. Su estrategia era simple: ser él mismo, tanto en persona como en línea.

En redes sociales y aplicaciones de citas, sé auténtico en tus mensajes y publicaciones. Evita las frases o fotos forzadas. Muéstrate como realmente eres, puedes dar un retoque a tus fotos pero sin quitar lo real, y responde de manera genuina a las interacciones. Una comunicación atractiva en línea debe reflejar lo mejor de ti de manera natural.

La comunicación atractiva es una habilidad que puedes perfeccionar y convertir en un punto clave de atracción. Escuchar activamente, utilizar un lenguaje corporal seguro, elegir palabras positivas y mostrar vulnerabilidad te permitirá conectar de manera auténtica con las personas. En un mundo donde la interacción también se da en línea, la autenticidad y el respeto son los elementos que crean conexiones reales. Al mejorar tu comunicación, te conviertes en un hombre que no solo es atractivo, sino que también deja una huella positiva y duradera en quienes lo rodean.

SEIS

Construyendo un Perfil Atractivo en Redes y Aplicaciones de Citas

En la era actual, las redes sociales y las aplicaciones de citas son una de las principales vías para conectar con nuevas personas. Tener un perfil que destaque es fundamental, ya que es lo primero que los demás ven y lo que transmite una primera impresión. En este capítulo, aprenderás cómo crear un perfil auténtico y atractivo que represente lo mejor de ti, sin exageraciones y sin caer en clichés. La clave está en reflejar tu personalidad de manera que genere curiosidad e interés genuino.

6.1 La Importancia de la Autenticidad en el Perfil

Tu perfil debe ser una ventana a quién eres realmente. Exagerar o crear una imagen idealizada puede parecer efectivo a corto plazo, pero la autenticidad es lo que realmente conecta. Cuando una mujer ve tu perfil, busca entender quién eres y, sobre todo, sentir que es un reflejo sincero de tu vida y tus intereses.

Conocí a alguien en una red social que tenía un perfil atractivo, pero no por las típicas fotos de lujo o frases impactantes. Simplemente compartía sus aficiones, sus pasiones y sus pensamientos de manera auténtica. No pretendía ser perfecto, y ese era su encanto. Las mujeres que lo conocían en persona descubrían que era tal cual se mostraba en línea, y esto generaba confianza y atracción.

Asegúrate de que cada detalle de tu perfil refleje algo real de ti. Desde las fotos hasta las descripciones, muestra quién eres de verdad, en lugar de intentar parecer algo que no eres. La autenticidad siempre será más atractiva que cualquier imagen fabricada.

6.2 Seleccionando las Fotos Clave

Las fotos son una de las primeras cosas que llaman la atención. No se trata de tener la "mejor" foto, sino de elegir imágenes que realmente te representen y que muestren diferentes aspectos de tu vida, trata de ser original en tus fotos. Una foto en la que te veas seguro y relajado, otra en la que estés disfrutando de una actividad que te guste, y quizás una junto a amigos para mostrar tu lado social pueden ser más efectivas que una foto demasiado posada.

Un amigo que buscaba destacar en su perfil de citas seleccionó tres fotos: una en la que estaba disfrutando de una caminata en la naturaleza, otra en la que tocaba la guitarra y una tercera en una reunión con amigos. Estas fotos transmitían su amor por el aire libre, su pasión por la música y su vida social activa, lo cual atrajo a personas interesadas en esos mismos valores.

Escoge fotos que cuenten una historia sobre quién eres. Evita los filtros y las poses excesivamente planeadas. En su lugar, opta por imágenes que reflejen tu personalidad y te muestren en situaciones auténticas. La naturalidad es clave para atraer a alguien que valore quién eres realmente.

6.3 Redactando una Descripción Auténtica y Atractiva

La descripción es una oportunidad para mostrar más allá de las fotos. Aquí es donde puedes compartir detalles de tu personalidad y dar una idea de tus intereses y valores. La clave está en ser breve, directo y auténtico. Evita las frases vacías o clichés, y enfócate en lo que realmente te define.

"Amo la naturaleza, los libros de aventura y la buena conversación. Me apasiona la música, especialmente la guitarra, y siempre busco formas de crecer y aprender. Me considero una persona curiosa, abierta y auténtica, y disfruto de conocer personas que compartan esa misma energía."

Al redactar tu descripción, evita frases genéricas como "amo los viajes y la aventura" sin detalles específicos. En su lugar, describe lo que disfrutas y da un vistazo a tu personalidad, extiende un poco más algunos detalles. Esto te hace destacar y da a los demás una idea clara de quién eres.

6.4 Cómo Iniciar una Conversación Atractiva

Una vez que has captado el interés, el siguiente paso es iniciar una conversación que despierte curiosidad y mantenga el interés. Evita mensajes demasiado comunes o simples como "Hola" o "¿Cómo estás?". En su lugar, intenta hacer una pregunta o comentario relacionado con algo que la otra persona haya compartido en su perfil.

Puedes iniciar una conversación comentando algo específico sobre un libro que la otra persona menciona en su perfil. La idea es iniciar una conversación natural y amena desde el principio, busca un tema de interés común. Esta estrategia permite que la conversación fluya sin esfuerzo y que ambos sientan una conexión desde el inicio. Por lo cual observa con atención el perfil de la otra persona y elige un detalle que te interese para iniciar la conversación. Haz preguntas abiertas o comentarios genuinos. Esto demuestra que te has tomado el tiempo de conocer algo sobre ella, lo cual es mucho más atractivo que un saludo genérico.

6.5 Evitar los Errores Comunes en la Interacción Digital

Es fácil caer en errores comunes en las interacciones en línea, como responder de forma demasiado rápida, parecer desesperado o dejar de lado la cortesía. La comunicación digital requiere un equilibrio entre mostrar interés sin exagerar, y demostrar respeto sin volverse distante. Un conocido que comenzó a usar una aplicación de citas me contó que, al principio, respondía los mensajes de inmediato, lo cual hacía que la conversación perdiera el misterio y el interés rápidamente. Con el tiempo, comprendió que no necesitaba apresurarse ni mostrarse disponible en todo momento. En lugar de eso, comenzó a responder a un ritmo natural, sin ansiedad, y esto cambió la dinámica de sus conversaciones.

No respondas de inmediato ni tampoco tardes demasiado. Encuentra un ritmo de conversación que se sienta cómodo y natural. Evita presionar para obtener una respuesta y mantén un tono amable y respetuoso, observa cual es el ritmo de respuesta que tiene ella, ve a la par por un instante y luego déjala esperar un poco, es así como se usa la técnica del tira y afloja. Trata en lo posible de hacer que sea ella la que se quede con ganas de seguir conversando.

SIETE

La conversación es el puente entre dos personas; es donde se descubren afinidades, se fortalecen conexiones y se genera una atracción auténtica. En este capítulo, exploraremos cómo convertir una conversación en una experiencia agradable y memorable, creando una conexión emocional que vaya más allá de lo superficial. Aprenderás a escuchar, a hacer preguntas y a compartir de manera que cada interacción te acerque más a esa conexión real que estás buscando.

7.1 Cómo Generar Interés desde el Inicio

Una conversación atractiva y cautivadora comienza con una apertura que despierte el interés y que invite a la otra persona a seguir hablando. No se trata de impresionar con palabras grandiosas, sino de hacer preguntas que muestren curiosidad genuina y de encontrar temas que resuenen con ambos. Una vez, en lugar de iniciar una conversación con una pregunta común como "¿A qué te dedicas?", decidí preguntar: "¿Qué es lo que más te apasiona hacer ?". Esa pequeña diferencia llevó la conversación en una dirección inesperada. Me di cuenta de que las personas disfrutan de hablar sobre sus pasiones y de compartir lo que realmente les importa.

Evita las preguntas comunes y busca preguntas que inviten a la reflexión. Una buena pregunta puede ser el inicio de una conexión profunda. Preguntas como "¿Qué sueño estás persiguiendo en este momento?" o "¿Qué es lo que más te hace feliz?" abren espacio para una conversación más auténtica.

7.2 La Escucha Activa: La Base de una Conexión Real

Escuchar activamente es un acto de respeto y una de las habilidades más atractivas en cualquier conversación, hacer preguntas sobre ese asunto sin exceder la confianza le añade un plus. Esto implica no solo oír, sino realmente prestar atención, asintiendo, mostrando interés y recordando detalles importantes que la otra persona comparte. Escuchar hace que la otra persona se sienta valorada y crea una conexión emocional duradera, no muchas personas se tomaban el tiempo de escuchar de esa forma. Por ejemplo, durante una conversación importante, puedes concentrarte únicamente en escuchar y evitar interrumpir o hablar sobre ti. Al final de la charla, la otra persona sentirá una especie de desahogo y una conexión, si es que tu quieres hablar de lo tuyo hazlo con medida o espera que ella también inicie preguntando sobre lo tuyo, Concéntrate en hacer preguntas que permitan profundizar en lo que la otra persona está diciendo. La escucha activa se convierte en una herramienta poderosa cuando te permites dejar el ego de lado y te enfocas en comprender realmente al otro.

7.3 Compartir Experiencias Personales con Autenticidad

El compartir experiencias personales es una manera poderosa de generar conexión. Sin embargo, la clave está en hacerlo de forma auténtica, sin intentar impresionar. Las personas se sienten atraídas por la vulnerabilidad y la sinceridad, por lo que contar una experiencia significativa o una lección de vida permite que se genere un vínculo real.

En una reunión, una mujer compartió conmigo una experiencia que le había dejado una enseñanza profunda. En lugar de solo escuchar, decidí contarle una experiencia similar que había vivido y lo que había aprendido. Al compartir una experiencia personal, noté que la conexión se volvía más profunda, y ambos nos sentimos más cómodos y abiertos.

No temas mostrar tu lado humano. Al compartir una experiencia sincera, permite que la otra persona vea tus emociones y valores. Evita caer en el afán de impresionar; en su lugar, cuenta lo que para ti es importante y significativo.

7.4 El Poder de las Preguntas Abiertas

Las preguntas abiertas son una de las herramientas más efectivas para profundizar una conversación. Permiten que la otra persona exprese sus ideas y emociones libremente, sin limitarlas a respuestas breves. Las preguntas abiertas muestran que estás interesado en conocer más y que valoras su opinión y sus sentimientos.

Durante una conversación con alguien nuevo, en lugar de hacer preguntas cerradas, como "¿Te gusta viajar?", opta por unas preguntas abiertas: "¿Cuál ha sido el lugar que más ha marcado tu vida y por qué?". Esto lleva a una conversación fascinante sobre sus experiencias, y la conexión que crea es más profunda y significativa. Preguntas como "¿Qué es lo que más disfrutas de tu trabajo?" o "¿Cuál ha sido uno de los momentos más importantes de tu vida?" invitan a la otra persona a expresarse y a conectar desde un lugar emocional.

7.5 El Equilibrio entre Hablar y Escuchar

Una conversación atractiva tiene un equilibrio entre compartir y escuchar. Si hablas demasiado, puede parecer que buscas atención; si hablas poco, puedes parecer desinteresado. Aprender a alternar entre ambos roles te convierte en un conversador magnético y apreciado.

Puede ser que en algún momento te haya pasado de estar hablando demasiado sobre ti en las conversaciones, creyendo que así causarías una buena impresión. Pero debes darte cuenta que al dar más espacio para escuchar, las personas se sentirán más atraídas y recuerda que a las mujeres les gusta hablar y les gusta muchísimo ser escuchadas. Lograr este equilibrio entre escuchar y hablar es una de las claves para mejorar cualquier relación personal. Por eso debes observa el flujo de la conversación y asegúrate de que haya espacio para ambos. Si sientes que has hablado mucho, cambia el enfoque con una pregunta que invite a la otra persona a participar más. La conversación es un intercambio, no un monólogo, es así que lograras opacar el ego que es el que nos empuja siempre a hablar de nosotros mismos.

7.6 Crear Momentos Memorables en la Conversación

Para que una conversación sea memorable, es importante crear momentos únicos que se queden en la mente de la otra persona. Esto puede ser una anécdota divertida, una reflexión profunda o una pregunta interesante que quede resonando. Los momentos memorables crean un lazo especial, que hace que la otra persona quiera volver a conversar contigo.

Una vez, en una conversación casual, surgió el tema de los sueños de la infancia. Decidí preguntar cuál era el sueño más loco y extraño que había tenido de niño. La otra persona se emocionó al recordar, y esa pequeña conversación se volvió un momento inolvidable para ambos. Nos permitió conocernos en un nivel más íntimo y auténtico.

Piensa en temas o preguntas que inviten a recordar buenos momentos o a hablar sobre sueños y aspiraciones. No tengas miedo de explorar temas más profundos o personales, y recuerda que una conversación puede ir más allá de lo superficial.

El arte de la conversación y la conexión emocional es una habilidad esencial para atraer y mantener relaciones genuinas. Escuchar activamente, compartir de manera auténtica, hacer preguntas abiertas y equilibrar el diálogo son herramientas que transforman cada conversación en una experiencia valiosa. Cuando te permites conectar emocionalmente en cada interacción, no solo generas atracción, sino que también dejas una impresión duradera y auténtica en las personas con quienes conversas.

OCHO

La preparación para una cita no solo consiste en la apariencia física, sino en proyectar seguridad, atención y una energía que haga que el encuentro sea memorable. En este capítulo, exploraremos cómo prepararte para una cita de manera que dejes una impresión positiva y auténtica. Te mostraré cómo cuidar los detalles, desde el lugar y la conversación hasta el lenguaje corporal, para que tu presencia hable por sí sola.

8.1 La Mentalidad Correcta para la Cita

Antes de pensar en qué decir o cómo vestirte, es fundamental tener la mentalidad adecuada. En lugar de enfocarte en impresionar o en tener "la cita perfecta", concéntrate en disfrutar el momento y en conocer realmente a la otra persona. Esta mentalidad te ayudará a relajarte y a proyectar autenticidad.

Te daré un ejemplo de alguien que conozco que se obsesionaba con "impresionar" en sus citas siempre terminaba sintiéndose frustrado. Un día decidió cambiar su enfoque: en lugar de preocuparse por el resultado, se propuso simplemente disfrutar y ser él mismo. A partir de entonces, sus citas se volvieron más naturales, y sus conexiones más genuinas. Dejar de lado la presión por "lograr algo" le permitió disfrutar y conectar de forma real.

Enfócate en disfrutar el momento y en conocer a la persona frente a ti. Una mentalidad relajada y abierta no solo reduce la ansiedad, sino que también hace que la otra persona se sienta más cómoda y dispuesta a abrirse.

8.2 Cuidar tu Apariencia: Más Allá de la Superficialidad

La apariencia es importante porque es lo primero que la otra persona percibe, pero no se trata de usar ropa cara o adoptar un estilo que no te representa. Se trata de verte limpio, arreglado y de proyectar una versión de ti que te haga sentir seguro, si tienes la posibilidad y ves que es necesario un cambio de vestuario puedes aprovechar renovar tu guarda ropa, es algo que debes de tomar en cuenta, asegúrate de adquirir vestuario que proyecte quien tu eres, no quiere decir que no tomes en cuenta la moda actual, sin embargo, debes siempre encontrar un equilibrio.

Viste de una manera que refleje tu personalidad y que te haga sentir cómodo y seguro de ti. Podrías adquirir algún artilugio ya sea un reloj, un collar, o una prenda que te ayude a sentir confianza, que Asegúrate de estar arreglado, pero sin exagerar.

8.3 La Elección del Lugar: Crea el Ambiente Adecuado

El lugar de la cita dice mucho sobre tu personalidad y tu estilo. Un lugar que permita conversar sin distracciones o ruido excesivo es ideal. Lugares como una cafetería tranquila, un parque o un restaurante acogedor permiten que ambos se relajen y puedan disfrutar del ambiente.

El lugar de la primera cita, es algo que las mujeres siempre recuerdan, claro que no pretenderás hacer una cita con vista a las pirámides Egipto si no te es posible. Pero si debes pensar en un lugar en lo posible original, especialmente si es una primera cita o si es un reencuentro especial. Al elegir un lugar especial, demuestras que has pensado en cada detalle y que valoras la calidad del tiempo compartido.

Elige un lugar en el que te sientas cómodo y que permita una conversación fluida. No es necesario que sea un lugar lujoso; lo importante es que sea un ambiente donde ambos puedan relajarse y conectar.

8.4 Proyecta Confianza a Través del Lenguaje Corporal

El lenguaje corporal es una de las formas más poderosas de comunicación no verbal. Desde la postura hasta el contacto visual, tu lenguaje corporal envía señales sobre tu nivel de confianza y tu interés en la otra persona.

Mantén una postura relajada y abierta, evita cruzar los brazos, haz contacto visual de manera natural y sonríe. Estos gestos proyectan confianza y disposición a conectar. Evita los movimientos nerviosos, como jugar con las manos o mirar el celular, pues pueden distraer y dar una imagen de falta de interés. La otra persona te verá como un hombre seguro y confiado, lo que mejorará la calidad de la conexión en la cita.

8.5 La Conversación: Encuentra el Equilibrio entre Compartir y Escuchar

El arte de la conversación en una cita es encontrar el equilibrio entre compartir y escuchar. No se trata de impresionar hablando sin parar, ni de hacer un interrogatorio. Se trata de crear un espacio donde ambos puedan expresarse y sentirse cómodos.

Comparte detalles sobre ti, pero mantén un equilibrio. Haz preguntas abiertas y escucha con interés. Permite que la conversación fluya de manera natural y evita presionar para profundizar en temas que la otra persona no esté dispuesta a tocar.

8.6 Crear una Experiencia Memorables en la Cita

Una cita memorable es aquella que se siente única y genuina. Esto no requiere grandes gestos ni actividades extravagantes. A veces, una anécdota divertida, una actividad espontánea o un tema de conversación interesante pueden hacer que el momento sea inolvidable.

Añade un detalle personal o único que haga que la cita sea especial, algo que refleje tu personalidad y que cree un recuerdo agradable. Esto puede ser una pequeña actividad, un detalle creativo o un tema de conversación significativo que haga la cita inolvidable.

La preparación para una cita no solo implica cuidar tu apariencia, sino también proyectar seguridad, saber escuchar y crear una experiencia única. La mentalidad correcta, una apariencia auténtica, un ambiente adecuado y una conversación equilibrada son los elementos clave para que la cita se convierta en un momento memorable. Cuando cuidas los detalles y proyectas tu mejor versión de manera genuina, dejas una impresión positiva y auténtica que hará que la otra persona quiera volver a verte.

NUEVE

Inicia la Conexión: Frases y Conversaciones para Romper el Hielo

Iniciar una conversación es el primer paso para despertar interés y crear una conexión genuina. Ya sea en un chat o en una cita en persona, el inicio de la conversación marca la pauta. Este capítulo ofrece ejemplos de cómo romper el hielo de forma auténtica y creativa, con frases y preguntas que captarán la atención y permitirán que la charla fluya naturalmente. Cada ejemplo está pensado para adaptarse a distintos contextos, edades y estilos de comunicación, para que puedas elegir el que mejor refleje tu personalidad.

9.1 Inicios de Conversación en Chat con Alguien que No Conoces Aún

Cuando inicias una conversación con alguien que no conoces, es importante no sonar forzado. La clave está en captar su interés con una pregunta o comentario creativo que no solo rompa el hielo, sino que también invite a compartir algo personal o divertido. Aquí tienes ideas frescas que resultarán atractivas para una variedad de edades y contextos.

Ejemplos de Conversación en Chat:

1. **"Si estuvieras que hacer un viaje espontáneo este fin de semana, ¿a dónde irías y por qué?"**

   ◦ Este enfoque invita a la otra persona a compartir un lugar o experiencia significativa, despertando la imaginación y permitiendo una conversación amena sobre sueños y aventuras.

2. **"Hola, vi que mencionaste [inserta algo específico de su perfil]. ¿Qué es lo que más te gusta de eso?"**

   ◦ Referirse a algo de su perfil muestra atención y curiosidad sincera. Hacerlo desde un ángulo divertido mantiene la charla ligera y atractiva.

3. **"Imagina que alguien está por contar tu historia en una película. ¿Qué género sería?"**

   ◦ Esta pregunta rompe el hielo de forma original, permitiendo que la otra persona comparta detalles únicos sobre su personalidad.

4. **"¿Alguna vez has tenido una idea de negocio extraña que crees que podría funcionar? A mí siempre me ha divertido imaginar cosas así."**

   ◦ Con esta pregunta no solo empiezas la conversación de manera inesperada, sino que también le das la oportunidad de compartir ideas divertidas y mostrar su lado creativo.

5. **"¿Cuál es la canción que podrías escuchar en**

repetición durante un viaje largo?"

◦ Hablar de música es una excelente manera de descubrir gustos e intereses, y esta pregunta permite que hable sobre algo personal que le gusta y con lo que se siente cómoda.

En una ocasión, inicié una conversación con una pregunta sobre un lugar que ella había mencionado en su perfil. La respuesta llevó a una conversación espontánea sobre sus aventuras de viaje y acabamos compartiendo nuestras historias de destinos soñados, y hasta quedamos en viajar juntos a algunos lugares. Fue un recordatorio de que una pregunta original puede convertir una charla en algo memorable desde el principio.

9.2 Conversaciones en Chat con Personas que Ya Conoces

Cuando tienes cierta familiaridad con la persona, iniciar una conversación es más sencillo, pero aún puedes hacer que sea atractiva y novedosa. Aquí se trata de mostrar un interés genuino en su vida, sus pensamientos y sus experiencias. Las preguntas que permiten una reflexión o una conexión emocional son ideales para profundizar la relación.

Ejemplos de Conversación en Chat:

1. **"He estado pensando en algo que mencionaste la otra vez sobre [tema]. Me dejó curioso. ¿Cómo te hizo sentir eso?"**

◦ Al traer a colación una conversación pasada, demuestras que has estado atento y que valoras su perspectiva, lo cual fortalece la conexión.

2. "Ayer leí algo sobre [tema relacionado con sus intereses]. ¿Tú qué piensas sobre eso?"

◦ Esta frase demuestra interés en su opinión y fomenta una conversación enriquecedora, ya que parte de un tema que le interesa.

3. "¿Qué sería lo primero que harías si hoy fuera tu día libre inesperado?"

◦ Esta pregunta ligera da pie a una charla sobre pasatiempos y deseos, y permite descubrir qué la hace feliz en su tiempo libre.

4. "Vi algo que me recordó mucho a ti [envía una foto o enlace]. Me encanta que tengas esa forma tan única de ver las cosas."

◦ Al enviar una imagen o enlace relacionado con sus intereses, demuestras que la tienes presente y que te interesa compartir lo que te hace pensar en ella.

5. "Sé que eres una experta en [su interés]. ¿Tienes algún consejo para un principiante como yo en ese tema?"

◦ Pedirle un consejo no solo muestra humildad, sino que también le da la oportunidad de hablar sobre algo que le apasiona, lo cual es atractivo y divertido.

Hace un tiempo, inicié una conversación preguntando a una amiga sobre una exposición de arte que ambos habíamos visitado y yo sabía que le apasionaba el Arte. Al darle espacio para hablar de algo que la apasionaba, la conversación fluyó de forma natural y se profundizó rápidamente. Aprendí que mostrar interés genuino por sus pasiones es uno de los mejores caminos hacia una conexión real.

9.3 Inicios de Conversación en una Cita Real

Cuando estás en una cita, el lenguaje corporal y el tono de voz añaden otra dimensión a la conversación. Iniciar con una pregunta que invite a compartir algo personal, mientras te mantienes atento a su lenguaje no verbal, crea un ambiente cómodo y genuino. Aquí tienes algunos ejemplos para que puedas romper el hielo en persona de manera auténtica y atractiva.

Ejemplos de Conversación en una Cita:

1. **"Si pudieras vivir en cualquier época de la historia, ¿cuál elegirías?"**
   - Esta pregunta es divertida y permite una conversación sobre intereses y curiosidades. Además, crea una oportunidad para imaginar juntos escenarios únicos.

2. **"¿Qué es lo más inusual que te ha pasado en una cita?"**
   - Esta pregunta rompe el hielo de manera divertida y da la oportunidad de compartir experiencias interesantes o divertidas.

3. **"Si mañana pudieras aprender una habilidad nueva sin esfuerzo, ¿qué elegirías?"**
   - Con esta pregunta puedes conocer

sus aspiraciones y sus gustos, además de fomentar una charla sobre sueños y metas.

4. **"Cuéntame, ¿qué película o serie refleja mejor tu forma de ver la vida?"**

   ◦ Las personas a menudo tienen una película o serie favorita que les resulta significativa. Esta pregunta es una excelente forma de conocer sus valores y su forma de ver el mundo.

5. **"¿Cuál fue el último momento que realmente te hizo reír a carcajadas?"**

   ◦ Esta pregunta permite hablar de algo positivo y relajado, que crea una atmósfera de cercanía y diversión.

En una primera cita, pregunté: "Si pudieras darle un consejo a tu 'yo' de hace cinco años, ¿qué le dirías?". Esta pregunta abrió la conversación a temas profundos y personales, pero de una forma natural. Fue sorprendente ver cómo una pregunta original puede hacer que la otra persona se abra y se sienta cómoda.

9.4 Frases y Preguntas para Mantener el Interés

Una vez que la conversación ha comenzado, el reto es mantenerla atractiva. Las preguntas abiertas y los comentarios que demuestren interés por sus pensamientos o emociones son la clave para mantener el interés y fortalecer la conexión.

Ejemplos de Frases para Mantener el Interés:

1. **"Me encanta cómo piensas sobre eso. ¿Te importaría contarme más?"**

◦ Este tipo de frase demuestra que realmente disfrutas de su perspectiva y te invita a seguir escuchando.

2. "¡Eso suena increíble! ¿Hay alguna historia detrás de cómo llegaste a ese punto?"

◦ Con este comentario, invitas a que comparta una experiencia personal, lo cual fortalece la conexión.

3. "Tienes una forma interesante de ver las cosas. ¿Cómo fue que desarrollaste esa perspectiva?"

◦ Este tipo de pregunta le permite reflexionar sobre sus creencias y da pie a una charla más profunda.

9.5 Temas de Conversación para Momentos de Silencio

Los momentos de silencio en una conversación son naturales, y saber manejarlos es una habilidad valiosa. Los temas que permiten una transición suave y natural suelen aliviar la presión y hacer que ambos se sientan más cómodos.

Ejemplos de Temas para Evitar los Silencios:

1. "¿Tienes algún plan o sueño especial para este año?"

◦ Este tema es inspirador y permite hablar sobre metas y aspiraciones.

2. "¿Cuál es el mejor libro o película que has descubierto últimamente?"

◦ Preguntar sobre libros o películas no solo ofrece un buen tema de conversación, sino que también da ideas sobre sus intereses.

3. **"Si pudieras elegir cualquier ciudad para vivir por un año, ¿cuál sería y por qué?"**
   ◦ Este tema invita a hablar de lugares interesantes y a compartir sueños y preferencias personales.

Iniciar y mantener una conversación atractiva es un arte que puedes perfeccionar. Ya sea en un chat o en una cita en persona, las preguntas abiertas y originales, el interés genuino y la habilidad de escuchar son tus mejores aliados para conectar. Este capítulo te ofrece herramientas y ejemplos que harán que cada

DIEZ

Mantener la Atracción a Largo Plazo

Crear una conexión inicial es solo el primer paso. Mantener la atracción a largo plazo es lo que realmente construye relaciones fuertes y satisfactorias. Si perspectiva es lograr citas casuales solamente y en ningún momento intentar establecer una relación a largo plazo , no deberías prolongar demasiado una conexión, la ilusión que puedes causar en una mujer es algo que debes cuidar, ya que si ella no te agrada como una potencial pareja, deberías dejarla ir, cuanto más pronto mejor , ya que aunque no lo quieras cuanto más tiempo pase y más contacto de diferentes niveles haya, más apego y compromiso sentimental habrá, por lo que no te aconsejo que juegues con las emociones de la otra persona, así que si esa es tu intención talvez este libro no sea para ti.

En este capítulo, aprenderás cómo hacer que el interés se mantenga y crezca con el tiempo, cultivando una relación que se base en la confianza, el respeto y la admiración mutua. Aquí descubrirás que el secreto de la atracción duradera no está en grandes gestos, sino en los detalles cotidianos y en el crecimiento personal.

10.1 La Importancia de la Autenticidad Constante

Mantener la autenticidad es clave para que la relación siga siendo atractiva. En la etapa inicial de una relación, muchas personas tienden a mostrar solo sus mejores cualidades, pero a medida que pasa el tiempo, es importante que ambos se sientan seguros y aceptados tal como son. Cuando se da la primera cita y esta ha llevado a una relación, de inicio siempre intentan mostrar lo mejor de uno mismo, pero no podemos negarnos a que todos tenemos aspectos negativos que aún no hemos resuelto, siendo conscientes de eso es importante que de inicio seamos sinceros a la medida que la relación lo permita, y siempre entrar en conciencia de tratar de mejorar internamente, eliminando los defectos para poder ofrecer lo mejor de sí al otro, solo así podremos recibir lo mismo.

No temas ser tú mismo y mostrar tus verdaderos pensamientos, intereses y emociones. La autenticidad crea confianza, y esta es una de las bases más importantes de una atracción duradera.

10.2 Fomentar la Curiosidad y la Aventura en la Relación

La novedad y la aventura son ingredientes clave para mantener la atracción en una relación a largo plazo. Esto no significa que debas hacer cosas extremas todo el tiempo, sino que es importante mantener la curiosidad, planear actividades nuevas y salir de la rutina de vez en cuando.

Ejemplos para Fomentar la Curiosidad y Aventura:

1. **Escapadas Espontáneas**: Planear una escapada de fin de semana a un lugar cercano

es una excelente forma de salir de la rutina. Estos momentos crean recuerdos únicos y fortalecen la relación.

2. **Aprender Algo Nuevo Juntos**: Tomar una clase de cocina, practicar un deporte o aprender un idioma juntos son actividades que no solo fortalecen el vínculo, sino que también fomentan el interés mutuo.

3. **Crear un "Bote de Ideas"**: Tomen una pequeña caja o frasco y coloquen papeles con ideas de actividades que les gustaría probar. Cada mes, saquen una idea y háganla realidad. Este simple ejercicio puede hacer que la relación se mantenga divertida y fresca.

En una ocasión, decidí planear una actividad inesperada para mi pareja. La llevé a una clase de baile que nunca habíamos probado, y esa noche se convirtió en uno de nuestros recuerdos favoritos. Nos reímos, aprendimos algo nuevo y rompimos la rutina, lo cual nos acercó mucho más.

10.3 La Comunicación Abierta como Base de la Confianza

La comunicación es la base de cualquier relación sólida. Una comunicación abierta y sincera permite expresar necesidades, resolver problemas y entender los puntos de vista de la otra persona. Este tipo de comunicación evita malentendidos y asegura que ambos se sientan valorados y escuchados.

Haz de la comunicación una prioridad. Encuentra momentos en los que puedan hablar de manera abierta y honesta sobre cómo se sienten. Evita las críticas y enfócate en expresar tus pensamientos y emociones desde un lugar de comprensión y respeto.

Conozco a una pareja que dedica cada semana un tiempo específico para hablar de lo que sienten en la relación y de cualquier cosa que les esté afectando. Este "tiempo de conexión" ha hecho que se sientan más seguros y comprendidos, fortaleciendo su atracción y su confianza mutua.

10.4 Mantener el Crecimiento Personal y el Espacio Individual

Aunque una relación es un proyecto compartido, es fundamental que cada persona tenga espacio para crecer y desarrollarse individualmente. El crecimiento personal enriquece la relación, ya que aporta nuevas ideas y experiencias. Mantener tus propias metas e intereses te ayuda a seguir siendo alguien atractivo y a aportar valor a la relación.

Asegúrate de dedicar tiempo a tus pasiones e intereses, y apoya a tu pareja en los suyos. Esto no solo enriquece la relación, sino que también evita la dependencia emocional y mantiene el interés.

10.5 Sorprender con Detalles Pequeños y Significativos

Los detalles, aunque pequeños, tienen un gran impacto en la atracción a largo plazo. Los gestos espontáneos, las muestras de cariño inesperadas y los detalles personalizados hacen que la otra persona se sienta especial y valorada. Estos detalles mantienen viva la chispa y recuerdan a la otra persona lo mucho que significa para ti.

Ejemplos de Detalles Pequeños:

1. **Notas Escritas a Mano**: Deja una nota en su bolso o en un lugar donde la encontrará, diciéndole algo que valoras de ella o recordando un momento especial.

2. **Pequeñas Sorpresas**: Si sabes que le gusta su café favorito o que quiere ver cierta película, hazlo posible sin avisarle. Estos gestos muestran que la tienes presente.

3. **Recuerdos Compartidos**: Revivir una anécdota divertida o especial en una conversación demuestra que valoras los momentos compartidos.

No subestimes el poder de un pequeño gesto. Estos detalles pueden tener un impacto profundo, especialmente cuando vienen de forma genuina y sin expectativas de recibir algo a cambio.

Mantener la atracción a largo plazo requiere esfuerzo, compromiso y una constante disposición a crecer y mejorar juntos. La autenticidad, la curiosidad, la comunicación, el crecimiento personal y los pequeños detalles son las bases que hacen que una relación siga siendo interesante y atractiva con el tiempo. Al cultivar estas cualidades, puedes construir una relación sólida y profunda, basada en la confianza, el respeto y el amor genuino.

ONCE

Ley de la Atracción: Manifestando la Relación que Deseas

La ley de la atracción sostiene que atraemos aquello en lo que nos enfocamos, y esto también se aplica a nuestras relaciones. La manera en que piensas sobre ti mismo, las creencias que tienes sobre el amor y las emociones que proyectas juegan un papel importante en el tipo de personas y experiencias que atraes. En este capítulo, exploraremos cómo usar esta ley para atraer una relación significativa, utilizando técnicas de visualización y mentalidad positiva para crear la vida amorosa que deseas.

11.1 Prepararte para Atraer la Relación que Mereces

Para manifestar una relación saludable y satisfactoria, es importante comenzar por trabajar en tu relación contigo mismo. La atracción no comienza al buscar afuera, sino al fortalecer el amor propio y la claridad sobre lo que realmente deseas.

Si aun no has iniciado con la relación que imaginas,

tómate el tiempo para hacer una lista de las cualidades que quieres en una pareja y en esa relación y si ya estas con alguien has una lista en las cosas que te agradan de ella y enfócate en agradecer por esas cualidades. Luego, reflexiona sobre si esas cualidades están presentes en tu vida.

Si aún no estas con la persona que deseas, debes pregúntate: ¿estoy listo para atraer a una persona con estas características? Este ejercicio no solo te ayuda a aclarar lo que deseas, sino que también te prepara para ser una pareja ideal para alguien que comparte esos valores.

Conozco un amigo que siempre deseaba una relación estable, pero se dio cuenta de que no estaba cuidando su propio bienestar ni sus metas. Decidió trabajar en sus hábitos y en sus metas antes de buscar pareja. Poco tiempo después, conoció a alguien que también valoraba el crecimiento personal. La relación surgió de manera natural y ambos compartían el mismo enfoque de vida.

11.2 Creencias y Pensamientos: El Poder de Reprogramar tu Mente

Las creencias que tienes sobre ti mismo y sobre el amor influyen en el tipo de personas que atraes. Si crees que "todas las relaciones terminan mal" o que "es difícil encontrar a alguien que valga la pena," o que "no existe la fidelidad" es probable que atraigas experiencias que confirmen esas creencias. Cambiar estas ideas limitantes es fundamental para atraer una relación positiva. Identifica y anota tus creencias negativas sobre las relaciones y el amor. Luego, reemplázalas con afirmaciones positivas que se alineen con lo que deseas atraer. Por ejemplo, cambia "Es difícil encontrar a alguien compatible" por "Estoy rodeado de personas con las que puedo conectar profundamente."

Mi esposa me confesó que siempre temía que sus relaciones terminaran mal. Empezó a trabajar en sus creencias, reemplazándolas por afirmaciones como "Soy capaz de construir una relación sana y duradera." Al cambiar su mentalidad, comenzó a atraer personas que compartían su visión del amor y la estabilidad, obviamente nos conocimos después de eso y yo también estaba en esa sintonía antes de conocerla, la ley de atracción solo hizo su trabajo al juntarnos.

11.3 Visualización Creativa: Proyectando la Relación Ideal

La visualización es una técnica poderosa que consiste en imaginar la vida que deseas como si ya estuviera ocurriendo. Al visualizar una relación satisfactoria, estás entrenando a tu mente para atraer personas y situaciones que reflejen esa imagen. Esta práctica ayuda a alinear tu energía y a proyectar un estado de positividad y seguridad.

Dedica unos minutos cada día a imaginar cómo sería tu relación ideal. Visualiza cada detalle: cómo te sientes en su compañía, los valores que comparten, las actividades que disfrutan juntos. Permítete sentir gratitud y felicidad, como si esta relación ya existiera en tu vida. Yo usaba la visualización como herramienta de atracción antes de conocer a mi esposa. Imaginaba la relación ideal cada noche, y al poco tiempo la conocí, ella coincidía con la imagen que tenía en mi mente. Al estar alineado con lo que deseaba, pude reconocer a esta persona y desde el inicio de la relación, sentía que era auténtica y plena.

11.4 El Autocuidado como Imán de Atracción

La manera en que cuidas de ti mismo proyecta una energía que atrae o aleja a las personas. Cuando te sientes bien y estás en equilibrio, emanas una energía positiva que resulta atractiva. El autocuidado, ya sea físico, emocional o mental, es una de las herramientas más poderosas para atraer a la persona adecuada. Dedica tiempo a cuidar de tu bienestar en todos los aspectos. Haz ejercicio, lleva una alimentación equilibrada, dedica tiempo a tus pasiones y cultiva relaciones positivas en tu vida. Esto no solo te hará sentir mejor, sino que también te convertirá en un imán para personas que valoran el bienestar.

11.5 Soltar el Apego: La Clave para la atracción

Para atraer una relación auténtica, es importante soltar la necesidad de controlar el proceso. La ley de la atracción funciona mejor cuando nos enfocamos en lo que deseamos, pero sin aferrarnos a una idea o persona específica. Al soltar el apego, dejas espacio para que lo que realmente necesitas llegue a ti. Este acto de soltar permite que te enfoques en vivir plenamente y sin ansiedad.

Escribe una lista de tus deseos en una relación, léela en voz alta y luego guárdala en un lugar seguro. Confía en lo que es mejor para ti, mientras más veces enfatices en los deseos que escribiste más rápido se acercará a tu vida.

11.6 Prácticas Diarias para Atraer la Relación que Deseas

Atraer una relación significativa requiere consistencia. Las prácticas diarias de gratitud, pensamiento positivo y atención a tus emociones pueden ayudar a alinear tu vida con lo que deseas atraer. Al dedicar tiempo a estas prácticas, aumentas tu vibración y te conviertes en una persona atractiva y segura de sí misma.

Prácticas Diarias para la Ley de la Atracción:

1. **Afirmaciones Positivas**: Cada mañana, repite afirmaciones que refuercen tu confianza y tu visión de una relación saludable.

2. **Diario de Gratitud**: Escribe cada día tres cosas por las que te sientas agradecido. Esta práctica cambia tu energía y te ayuda a atraer lo que deseas.

3. **Momentos de Meditación**: Dedica unos minutos a relajarte, concentrarte en tu respiración y visualizar tus deseos.

Si alguien adopta el hábito de hacer afirmaciones y practicar la gratitud diariamente. Su energía será diferente a la de los demás, atraerá a personas que comparten su visión del amor y de la vida. Estas prácticas te ayudarán a mantenerte positivo y en sintonía con lo que quieres atraer.

La ley de la atracción es una herramienta poderosa para manifestar la relación que deseas. Al trabajar en tu crecimiento personal, reprogramar tus creencias, visualizar tus deseos, cuidar de ti mismo y soltar el apego, puedes atraer personas y experiencias que resuenen con tu visión de una relación auténtica y satisfactoria. Este capítulo te invita a aplicar estos principios para convertirte en un imán para el amor y las relaciones que realmente deseas.

DOCE

Autoestima y la Seguridad Personal en la Conquista

La atracción duradera y la seguridad en la conquista no solo se construyen con técnicas o habilidades de conversación, sino con una autoestima sólida y una seguridad personal que proyecten autenticidad. La forma en que te ves a ti mismo influye en cómo te ven los demás. Este capítulo explora cómo desarrollar una autoestima genuina y proyectar una seguridad que se refleje en tus interacciones, permitiéndote conectar de manera auténtica y atractiva.

12.1 Comprender la Autoestima como Base de la Atracción

La autoestima no se trata solo de sentirse bien en momentos específicos; es la percepción constante de tu valor y de lo que tienes para ofrecer en una relación. Cuando tienes una autoestima sólida, proyectas una energía atractiva y segura que invita a los demás a conocerte y valorarte.

Dedica tiempo a trabajar en tus cualidades internas. Haz una lista de tus valores, logros y cualidades personales. Léela con frecuencia para recordar quién eres y qué valoras, y proyecta esa seguridad en tus interacciones.

12.2 La Seguridad Personal como Atractivo Natural

La seguridad personal es la certeza de que eres capaz de manejar cualquier situación, sin importar el resultado. Esta seguridad hace que los demás se sientan cómodos y atraídos hacia ti, ya que perciben que eres una persona estable y confiable. La seguridad personal también implica estar cómodo en tu propia piel, lo cual proyecta una presencia magnética.

Una vez, vi a alguien en una reunión social que no se esforzaba por atraer la atención ni aparentaba ser alguien que no era. Su presencia tranquila y segura hizo que las personas se sintieran atraídas hacia él de manera natural. No había nerviosismo ni necesidad de validación; simplemente era él mismo. Su seguridad personal era su atractivo más poderoso.

Cultiva una postura abierta y relajada, mantén el contacto visual y evita gestos nerviosos. Estas señales de lenguaje corporal proyectan seguridad y crean una atmósfera de confianza y calma en tus interacciones.

12.3 Cómo la Autoimagen Influye en la Conquista

La autoimagen es cómo te ves a ti mismo, y afecta directamente la forma en que los demás te perciben. Una autoimagen positiva te ayuda a proyectar confianza y atractivo, mientras que una autoimagen negativa puede sabotear tus interacciones. La clave para mejorar tu autoimagen es desarrollar una visión realista y positiva de ti mismo.

Ejercicio Práctico: Cada día, párate frente al espejo y repite tres cualidades que admiras en ti. Este ejercicio fortalece tu autoimagen y te ayuda a proyectar una versión segura y atractiva de ti mismo.

12.4 Establecer Límites Saludables: Una Señal de Respeto Propio

Saber establecer límites es una señal de respeto propio y es fundamental para mantener una autoestima sólida. Cuando tienes límites claros, demuestras que valoras tu tiempo, tus valores y tus emociones, lo cual resulta atractivo. Las personas respetan a quienes se respetan a sí mismos.

Por esta razón, Identifica las cosas que son importantes para ti y establece límites claros en tus relaciones. Esto no significa ser inflexible, sino valorar tu bienestar. Aprende a decir "no" cuando algo no se alinea con tus valores o tus necesidades.

12.5 Practicar el Autocuidado como Fuente de Autoestima

El autocuidado físico, mental y emocional es fundamental para mantener una autoestima sana. Cuando te cuidas, proyectas una energía positiva y atractiva. El autocuidado te permite sentirte bien contigo mismo, lo cual se refleja en tu actitud y en tus interacciones.

Ejemplos de Autocuidado para Mejorar la Autoestima:

1. **Ejercicio Regular**: La actividad física no solo mejora tu salud, sino que también aumenta tu confianza y te ayuda a proyectar una energía positiva.

2. **Tiempo para tus Pasiones**: Dedica tiempo a actividades que disfrutes y que te hagan sentir realizado. Esto fortalece tu autoestima y te hace más atractivo.

3. **Momentos de Reflexión**: Dedica tiempo a reflexionar sobre tus metas y logros. Esto te ayuda a mantener la claridad en tu vida y te conecta con tu crecimiento personal.

Conocí a alguien que decidió enfocarse en su autocuidado físico y mental antes de buscar una relación. Comenzó a ejercitarse, a leer libros que le inspiraban y a meditar. Su energía cambió, y pronto comenzó a atraer a personas que valoraban su forma de cuidarse y su energía positiva.

12.6 Aceptar la Imperfección como Parte de la Autoestima

La perfección es una expectativa irreal. Cuando aceptas que eres un ser humano imperfecto, te liberas de la presión de ser "perfecto" y proyectas una autoestima auténtica. La aceptación de tus defectos y el amor por ti mismo tal como eres te convierten en una persona atractiva y segura de sí misma. Cuando te enfrentes a un error o a una crítica, respira y recuerda que la imperfección es parte de ser humano. Acepta tus errores y aprende de ellos, pero no permitas que definan tu valor.

La autoestima y la seguridad personal son pilares fundamentales en la conquista y en la atracción duradera. Al trabajar en tu autoimagen, establecer límites saludables, practicar el autocuidado y aceptar tus imperfecciones, proyectas una presencia atractiva y auténtica. Este capítulo te invita a desarrollar una autoestima genuina y a convertirte en alguien seguro y magnético, capaz de atraer relaciones que valoren quién eres realmente.

TRECE

Cómo Crear Conexiones Significativas Más Allá de lo superficial

Una conexión genuina va más allá de la atracción superficial o de una simple conversación agradable. Crear una conexión significativa implica compartir experiencias, intereses, valores y emociones que fortalezcan el vínculo. En este capítulo, exploraremos cómo profundizar en tus relaciones, cómo abrirte de manera auténtica y cómo crear momentos de intimidad emocional que perduren en el tiempo.

13.1 La Importancia de la Vulnerabilidad en las Conexiones Profundas

La vulnerabilidad es el acto de mostrarse tal como eres, con fortalezas y defectos, y de estar dispuesto a compartir tus pensamientos y sentimientos más profundos. La vulnerabilidad crea una conexión real y es una señal de confianza, lo cual es esencial para construir una relación sólida.

No temas abrirte. Comparte algo personal, un sueño o incluso una experiencia difícil. Al hacerlo, das el primer paso para que la otra persona se sienta cómoda compartiendo también. La vulnerabilidad es un puente hacia la confianza y la conexión profunda.

13.2 Escucha Activa: El Arte de Prestar Atención

Escuchar activamente significa estar completamente presente en una conversación, sin distracciones ni juicios. La escucha activa es fundamental para crear una conexión real, ya que demuestra que valoras y respetas a la otra persona. Las personas se sienten comprendidas y valoradas cuando reciben atención genuina.

La próxima vez que hables con alguien, practica la escucha activa. Evita interrumpir y, en lugar de pensar en tu respuesta, concéntrate en comprender el mensaje. Asiente, haz preguntas para profundizar y muestra interés. Esta práctica de escucha genera un ambiente de confianza y conexión genuina.

13.3 Crear Momentos Especiales que Fortalezcan el Vínculo

Los momentos significativos crean recuerdos y fortalecen la conexión entre dos personas. Estos momentos no requieren ser extravagantes o caros; se trata de dedicar tiempo a actividades que ambos disfruten y que permitan compartir experiencias en un ambiente positivo y auténtico.

Ejemplos de Momentos Especiales para Fortalecer el Vínculo:

1. **Escapadas de Fin de Semana**: Planear una salida a un lugar especial para ambos, aunque sea una pequeña excursión, crea recuerdos

valiosos y un espacio para conectar sin distracciones.

2. **Actividades Nuevas Juntos**: Probar juntos algo nuevo, como una clase de cocina o un deporte, refuerza el vínculo y permite que ambos descubran más sobre sus gustos y habilidades.

3. **Veladas de Reflexión**: Dedicar una noche para hablar de sueños, metas y recuerdos. Hacerlo en un ambiente tranquilo y acogedor ayuda a que la conversación sea profunda y significativa.

Consejo Práctico: No esperes ocasiones especiales para crear estos momentos. Encuentra formas de hacer que cada día juntos sea especial, incluso en los detalles más simples. Esto demuestra tu compromiso y profundiza el vínculo.

13.4 Practicar la Empatía para Entender la Perspectiva del Otro

La empatía es la habilidad de ponerse en el lugar del otro y de comprender sus emociones y pensamientos. Practicar la empatía en una relación te ayuda a responder de manera más comprensiva y a fortalecer el vínculo emocional. Las personas que sienten que sus emociones son comprendidas tienden a conectar más profundamente y a sentirse más seguras en la relación.

Conocí a una pareja que enfrentaba un problema de comunicación, y estaban pasando por varios problemas por esta razón, y uno de los errores que ellos cometían era no considerar al otro y solo fijarse en su posición. Decidieron practicar la empatía como un ejercicio diario. En lugar de reaccionar desde sus propias emociones, intentaron ponerse en el lugar del otro antes de responder. Esto les ayudó a entenderse mejor y a resolver sus diferencias con respeto y comprensión. En momentos de conflicto o desacuerdo, respira y trata de ver la situación desde el punto de vista de la otra persona. Pregúntale cómo se siente y escucha sin juzgar. Este simple acto de empatía puede transformar cualquier conflicto en una oportunidad para profundizar la conexión.

13.5 Crear Rituales de Pareja que Fortalezcan la Intimidad

Los rituales de pareja son pequeñas actividades o tradiciones que ambos comparten regularmente y que refuerzan la conexión y el sentido de pertenencia. Estos rituales pueden ser tan simples como una rutina de "buenas noches" o como dedicar un día a la semana a una actividad que ambos disfruten. Los rituales crean una base de estabilidad y permiten que ambos se sientan valorados y conectados.

Ejemplos de Rituales para Fortalecer la Intimidad:

1. **Rutina de Agradecimiento Diario**: Antes de dormir, compartan algo por lo que se sienten agradecidos. Este ritual fomenta la positividad y ayuda a terminar el día con una conexión emocional.

2. **Día Especial de Pareja**: Elijan un día del mes para dedicarlo a una actividad especial. Puede ser una cena en casa, una noche de cine o un paseo al aire libre. Este día

refuerza la intimidad y permite crear recuerdos compartidos.

3. **Despedida con un Mensaje Personalizado**: Al comenzar el día, envíense un mensaje breve y positivo. Este gesto crea un sentido de cercanía y demuestra que ambos piensan en el otro incluso en la distancia.

Encuentra rituales que se adapten a sus personalidades y valores. La clave es que estos rituales reflejen el compromiso y el deseo de mantener la conexión viva.

13.6 Mostrar Aprecio y Reconocimiento Constantes

El aprecio y el reconocimiento son esenciales en cualquier relación. Expresar gratitud y valorar las pequeñas cosas que tu pareja hace fortalece el vínculo y hace que ambos se sientan valorados y respetados. Los gestos de aprecio no tienen que ser elaborados; a veces, un "gracias" sincero o una palabra de reconocimiento tiene un impacto profundo.

Cada día, encuentra algo que admires o agradezcas de tu pareja y exprésalo. Aprecia desde los gestos más simples hasta los esfuerzos que hace para mejorar la relación. El aprecio constante crea una base de respeto y valoración mutua.

Crear una conexión significativa va más allá de la atracción superficial. La vulnerabilidad, la escucha activa, la empatía, los momentos especiales, los rituales de pareja y el aprecio constante son los pilares que construyen una relación profunda y auténtica. Al aplicar estos principios, puedes transformar tus relaciones y crear un vínculo que se base en la comprensión, la confianza y la conexión emocional duradera.

CATORCE

Toda relación enfrenta desafíos, tanto en la etapa de conquista como en el tiempo que sigue. La diferencia entre una relación que se fortalece y una que se desgasta está en la habilidad para resolver estos desafíos de manera positiva. Este capítulo explora los problemas más comunes en una relación y en la conquista, así como las herramientas necesarias para superarlos con madurez, respeto y compromiso. Al aprender a enfrentar los desafíos, te conviertes en una persona más atractiva y confiable, capaz de construir y mantener relaciones duraderas y satisfactorias.

14.1 Aceptar que los Desafíos Son Naturales

Es importante entender que todos los desafíos en una relación son parte natural de la vida compartida y no necesariamente un signo de fracaso. Cuando aceptas que los desafíos son normales, puedes verlos como oportunidades de crecimiento en lugar de amenazas.

Una vez, un amigo me contó que en su relación enfrentaban una diferencia importante sobre sus metas a largo plazo. Al principio, ambos sintieron que esta diferencia podría llevar a una ruptura, pero al ver que estos simplemente eran desafíos, los tomaron como una oportunidad para crecer, lograron adaptarse y llegar a acuerdos. Este proceso no solo fortaleció la relación, sino que también les ayudó a entenderse mejor.

Cuando enfrentes un desafío en la relación, respira y recuerda que es natural. En lugar de reaccionar con miedo o ansiedad, considera cómo puedes aprovechar la situación para conocerte mejor y fortalecer el vínculo.

14.2 La Comunicación como Herramienta para Resolver Conflictos

La mayoría de los problemas en una relación pueden resolverse a través de una comunicación clara y sincera. Aprender a comunicar tus pensamientos y emociones de manera calmada y respetuosa, sin caer en críticas o ataques, permite que ambos se sientan escuchados y comprendidos.

Usa la técnica de "yo siento" en lugar de "tú haces". Por ejemplo, en lugar de decir "Siempre estás ocupado y no me prestas atención", intenta "Me siento desconectado cuando no pasamos tiempo juntos". Esto ayuda a que la otra persona entienda tus sentimientos sin sentirse atacada.

Conozco a una pareja que, cada vez que enfrentaban un conflicto, usaban una "palabra clave" para recordar que el objetivo era entenderse y no atacar al otro. Esta técnica les permitió abordar los problemas con calma y empatía, y su relación se fortaleció porque ambos sabían que podían resolver los desafíos de manera respetuosa.

14.3 Manejar las Expectativas para Evitar Decepciones

Las expectativas no siempre se alinean con la realidad, y esto puede crear frustración en una relación. Aprender a gestionar tus expectativas y a aceptar las diferencias entre ambos es fundamental para evitar conflictos innecesarios. Una relación sana se basa en entender y respetar las necesidades y los límites de cada uno, en lugar de imponer expectativas irreales de lograr. El establecer expectativas que puedan estar fuera de lo real, ocasionarán que llegues a decepcionarte constantemente, y esto mismo puede pasarle a tu pareja al observarte a ti.

Cuando notes que tienes una expectativa sobre tu pareja o la relación, pregúntate si es realista y si ambos están de acuerdo con ella. Comunica tus expectativas con sinceridad y escucha las suyas. Alinear las expectativas desde el principio evita muchos malentendidos.

14.4 Resolver las Diferencias de Forma Constructiva

Es natural tener diferencias, ya que cada persona tiene su propio trasfondo, opiniones y formas de ver el mundo. La clave para manejar estas diferencias es abordarlas de manera constructiva, en lugar de evitarlas o intentar cambiarlas. Al aprender a resolver diferencias de manera respetuosa, puedes fortalecer la relación y crecer juntos.

Una pareja que conocía solía tener desacuerdos frecuentes sobre temas menores, como la organización en casa, el orden o la limpieza del baño, dentro de muchas otras que las parejas suelen tener, ellos decidieron resolverlo estableciendo acuerdos claros y compromisos mutuos, en lugar de esperar que el otro cambiara por completo. Este enfoque les ayudó a manejar sus diferencias sin resentimientos y a fortalecer su vida juntos.

Establece acuerdos claros sobre cómo abordar las diferencias. Comprométanse a escucharse y a ceder en ciertos puntos para mantener el equilibrio. Recuerda que la diferencia no es una amenaza, sino una oportunidad para crecer y adaptarse juntos.

14.5 Saber Perdonar y Dejar Ir los Rencores

El perdón es un aspecto clave en cualquier relación, ya que todos cometemos errores. Saber perdonar y dejar ir los resentimientos permite que ambos sigan avanzando sin llevar una carga emocional innecesaria. El perdón no significa olvidar el error, sino aprender de él y decidir avanzar juntos.

Cuando algo te moleste, tómate un momento para reflexionar y decide si puedes perdonar. Si decides hablarlo, hazlo desde un lugar de empatía y evita reproches. Perdonar y dejar ir los rencores crea un espacio de paz y respeto en la relación.

14.6 Aprender a Estar Bien en los Tiempos de Cambio

Las relaciones pasan por etapas, y aceptar que estas etapas son naturales es fundamental para mantener una conexión duradera. Los cambios pueden ser desafíos si no se entienden, pero si se abordan con una mentalidad abierta y flexible, pueden enriquecer la relación y fortalecer el vínculo.

Cuando atravieses un cambio en la relación, mantén una mentalidad abierta y dispuesta a adaptarse. Hablen sobre cómo cada uno se siente y estén dispuestos a apoyarse. El cambio es parte del crecimiento, y cuando ambos lo aceptan, la relación se vuelve más sólida y madura.

Superar los desafíos en la relación requiere paciencia, comunicación y compromiso. Al aceptar los desafíos como parte del proceso, aprender a manejar las expectativas, resolver diferencias, perdonar y adaptarse al cambio, puedes construir una relación resiliente y satisfactoria. Este capítulo te ofrece herramientas prácticas para enfrentar los obstáculos con una mentalidad de crecimiento y crear una relación que no solo sobreviva a los desafíos, sino que se fortalezca con ellos.

QUINCE

Cómo Hacer que Ella Sienta que Eres Único y Especial

La atracción no se trata solo de ser físicamente atractivo o de tener buenas habilidades de conversación. Para que una mujer sienta que eres verdaderamente especial, debes mostrar actitudes y cualidades que te distingan de los demás. Este capítulo se centra en cómo proyectar un carácter auténtico, cuidar los detalles y crear una conexión única que haga que ella te valore y quiera estar cerca de ti.

15.1 Ser Auténtico y Fiel a Ti Mismo

Ser auténtico es una de las cualidades más atractivas que puedes mostrar. Cuando eres fiel a tu personalidad, tus valores y tus principios, proyectas una seguridad en ti mismo que no puede ser imitada. Las personas auténticas se destacan porque no intentan impresionar, sino que son sinceras en lo que dicen y en cómo actúan.

No tengas miedo de mostrar tus intereses y tus pasiones, aunque puedan parecer diferentes o poco comunes. Cuando eres genuino, transmites confianza y atracción natural. No te preocupes por cumplir con expectativas externas; sé tú mismo y verás cómo ella valorará tu autenticidad.

15.2 Demuestra Interés Real en Sus Pensamientos y Sueños

Mostrar interés genuino en sus pensamientos y en sus metas personales es una manera poderosa de demostrar que la valoras como persona. Cuando haces preguntas sobre sus pasiones y escuchas con atención, creas un espacio en el que ella puede sentirse libre y cómoda para expresarse. Esto fortalece el vínculo y la hace sentir que su presencia y su opinión importan.

En las conversaciones, haz preguntas abiertas que inviten a hablar sobre sus sueños y sus objetivos. Muéstrale que sus aspiraciones te importan y evita dar consejos o soluciones a menos que te lo pida. Solo escucha y apoya, permitiéndole compartir su visión del mundo.

El interés genuino que puedas mostrar en la vida de tu pareja y su crecimiento personal hará que ella sienta que él realmente la valora y respeta como persona, lo cual fortalece profundamente su relación.

15.3 Cuidar los Detalles que Hacen la Diferencia

Los detalles marcan la diferencia en cualquier relación. Los gestos pequeños, como recordar algo que ella mencionó o sorprenderla con un detalle especial, demuestran que le prestas atención y que valoras cada momento compartido. Estos detalles pueden hacerla sentir única y especial, y fortalecer la atracción.

Ejemplos de Detalles Especiales:

1. **Recuerdos de Conversaciones Pasadas**: Si alguna vez mencionó su libro o película favorita, sorpréndela con un comentario sobre ello o invítala a ver la película juntos.

2. **Detalles Personalizados**: Hacer algo único, como escribirle una nota personalizada o hacerle una playlist de canciones que ambos disfruten, demuestra tu interés genuino.

3. **Sorprender con un Pequeño Regalo Significativo**: No tiene que ser costoso. Un libro que sepas que disfrutará o algo relacionado con sus intereses demuestra que valoras su felicidad.

La próxima vez que hablen, presta atención a los detalles y a lo que menciona, y guarda esa información para sorprenderla de una manera que le haga sentir especial.

15.4 Proyecta Seguridad y Confianza sin Ser Arrogante

La seguridad es una cualidad atractiva, pero es importante que esta seguridad no se confunda con arrogancia. Una persona segura está en paz consigo misma y no necesita demostrar nada; simplemente actúa con naturalidad y respeto. Cuando proyectas esta confianza, te vuelves atractivo y confiable.

Practica el equilibrio entre expresar tu seguridad y mostrar humildad. Acepta tus logros sin exagerarlos y mantente abierto a aprender de los demás. Esta combinación de confianza y humildad es un rasgo que muchas personas valoran profundamente.

15.5 Sé Respetuoso con sus Límites y Da Espacio para la Individualidad

Respetar los límites y la individualidad de tu pareja es una señal de respeto y madurez. Dar espacio y tiempo para que cada uno pueda desarrollarse de forma independiente fortalece la relación, ya que ambos sienten que no pierden su identidad ni su libertad. Respetar su espacio demuestra que confías en ella y que valoras su crecimiento personal.

Aprende a identificar cuándo es necesario dar espacio. Si notas que necesita tiempo para sus actividades o amigos, respeta y apoya ese deseo. Esta actitud de respeto y apoyo refuerza la confianza y hace que la relación se sienta saludable y equilibrada.

15.6 Comparte Momentos de Diversión y Risa

El sentido del humor y la capacidad de reír juntos crean una conexión especial. La risa y los momentos de diversión alivian el estrés y fortalecen el vínculo. Compartir experiencias divertidas y espontáneas ayuda a que ambos se sientan en un ambiente positivo y agradable.

Ejemplos de Momentos de Diversión:

1. **Organizar Actividades Espontáneas**: Planea

una salida inesperada, como una noche de karaoke, una caminata al aire libre o una noche de juegos. Este tipo de actividades crean recuerdos y permiten que ambos se relajen.

2. **Reír de Aciertos y Desaciertos**: La capacidad de reírse de sí mismo y de los pequeños errores genera un ambiente de complicidad y hace que la relación sea más ligera y alegre.

3. **Compartir Humor Diario**: Envíale memes o chistes que le hagan reír. Estos pequeños momentos de humor contribuyen a la cercanía y mantienen el ambiente relajado.

No subestimes el poder de la risa. Encuentra formas de disfrutar juntos y de compartir momentos de alegría. Este tipo de experiencias crea un ambiente de conexión que hace que ambos quieran estar más tiempo juntos.

Para que ella sienta que eres único y especial, debes mostrar autenticidad, interés genuino, atención a los detalles, respeto y sentido del humor. Estas cualidades fortalecen el vínculo y crean una conexión significativa que va más allá de la atracción superficial. Al enfocarte en estos aspectos, proyectas un carácter atractivo y único, haciendo que ella sienta que está con alguien especial que realmente valora su presencia y la conexión que comparten.

DIECISÉIS

Muéstrale que eres el Apoyo Emocional que Ella Necesita

En una relación significativa, ser un apoyo emocional sólido es esencial. Esto no solo implica estar presente en los momentos difíciles, sino también demostrar comprensión, empatía y estabilidad emocional. Ser el apoyo que ella necesita fortalece la confianza y la conexión, haciéndole sentir que puede contar contigo de manera incondicional. Este capítulo explora cómo desarrollar esta habilidad y convertirte en una fuente de calma y estabilidad para ella.

16.1 La Empatía como Base del Apoyo Emocional

Ya habíamos hablado anteriormente de la empatía y habíamos dicho que es la capacidad de ponerse en el lugar de la otra persona y comprender sus sentimientos, pero en esta parte haremos énfasis en la empatía sobre los procesos emocionales que comúnmente las personas pasan y en particular las mujeres. Así es que debemos entender que ser empático no significa resolver sus problemas, sino estar ahí, escucharla y entender cómo se siente. La empatía es la base del apoyo emocional y permite que se sienta comprendida y valorada.

La próxima vez que ella comparta algo importante, evita ofrecer soluciones de inmediato. En su lugar, valida sus emociones con frases como "Entiendo cómo te sientes" o "Debe ser difícil para ti." Esta actitud de comprensión es una de las formas más efectivas de demostrar apoyo.

16.2 Saber Escuchar sin Interrumpir ni Juzgar

Escuchar activamente implica prestar atención completa, sin juzgar ni interrumpir. Muchas veces, cuando alguien está pasando por una situación complicada, solo necesita desahogarse. Ser capaz de escuchar de manera atenta y sin emitir juicios hace que la otra persona se sienta valorada y respetada.

Cuando ella esté hablando, mírala a los ojos, asiente y evita interrumpir. Si es necesario, haz preguntas que le permitan expresar sus pensamientos con mayor profundidad. Esta práctica demuestra que realmente te importa lo que está compartiendo.

En una ocasión, mi esposa cuando aun eráramos novios me hablo de un problemas que estaba pasando, al hablarlo conmigo, simplemente decidí escucharla sin interrumpir. Al final, me agradeció y comentó que se sentía comprendida y aliviada por tener a alguien que la escuchara sin juzgar. Ese momento me enseñó el poder de la escucha como forma de apoyo emocional.

16.3 Ser Paciente y Comprensivo en Momentos de Estrés

En situaciones de estrés, es común que las personas

se sientan abrumadas y reaccionen de maneras inusuales. La paciencia y la comprensión son claves en estos momentos. Cuando demuestras paciencia, le permites procesar sus emociones a su ritmo y le das el espacio para sentirse segura y apoyada.

En momentos de estrés o tensión, respira y recuerda que todos reaccionamos de manera distinta en situaciones difíciles. Evita responder con prisa o con emociones reactivas. Mantén la calma y demuéstrale que estás ahí para apoyarla sin presiones.

16.4 Ofrecer Palabras de Aliento y Seguridad

En momentos difíciles, las palabras de aliento y seguridad pueden hacer una gran diferencia. Saber que alguien cree en sus capacidades y está a su lado la motiva y le da fuerzas para enfrentar cualquier desafío. Al ofrecer palabras de ánimo sinceras, la ayudas a sentirse más segura y confiada.

Ejemplos de Palabras de Aliento:

1. **"Sé que eres capaz de superar esto. Estoy aquí para apoyarte en todo lo que necesites."**

2. **"Confío en tus decisiones y sé que harás lo mejor para ti."**

3. **"Pase lo que pase, recuerda que estoy a tu lado y que siempre puedes contar conmigo."**

Elige tus palabras con empatía y usa frases que le recuerden su fortaleza y tus deseos de que esté bien. Este tipo de aliento fortalece su confianza y le demuestra que tú también valoras su bienestar emocional.

16.5 Saber Cuándo Darle Espacio para Reflexionar

Ser un buen apoyo emocional también implica saber cuándo dar espacio. A veces, la otra persona necesita tiempo a solas para procesar sus emociones y pensamientos. Darle espacio no significa abandonarla, sino respetar su necesidad de reflexionar y permitirle encontrar su equilibrio interno.

Si notas que necesita espacio, ofréceselo de manera respetuosa. Puedes decirle algo como "Estoy aquí para apoyarte, pero si necesitas tiempo para ti, lo entiendo." Este tipo de mensaje le muestra que respetas sus necesidades sin presionarla.

Conozco a alguien que solía sentirse frustrado cuando su pareja le pedía espacio. Con el tiempo, entendió que darle ese espacio le permitía a ella procesar sus emociones y que, al regresar, la relación se sentía aún más fortalecida.

16.6 Mantener la Estabilidad Emocional en Momentos Difíciles

Para ser un apoyo sólido, es fundamental mantener tu propia estabilidad emocional. Si reaccionas con ansiedad o estrés, puedes hacer que la otra persona se sienta aún más abrumada. La estabilidad emocional implica estar presente de manera tranquila y proyectar calma, lo cual le da seguridad y tranquilidad en los momentos difíciles.

Antes de ofrecer apoyo en una situación estresante, asegúrate de estar emocionalmente estable. Respira profundamente, mantén la calma y proyecta tranquilidad. Esta estabilidad será un ancla para ella y le demostrará que puede confiar en ti en los momentos de mayor necesidad.

Ser un apoyo emocional genuino implica mostrar empatía, paciencia y comprensión. Escuchar sin juzgar, ofrecer palabras de aliento y mantener la estabilidad emocional en momentos de dificultad son cualidades que fortalecen el vínculo y hacen que ella se sienta segura a tu lado. Al desarrollar estas habilidades, te conviertes en un compañero en quien puede confiar plenamente y en quien puede encontrar apoyo incondicional, fortaleciendo así la relación y el respeto mutuo.

DIECISIETE

Mantener el interés y la pasión en una relación a largo plazo requiere dedicación y creatividad. La atracción inicial es natural y, con el tiempo, puede transformarse en una conexión profunda, pero para que la pasión y el entusiasmo se mantengan vivos, es esencial seguir cultivando la relación. En este capítulo, exploraremos cómo mantener la chispa y cómo fortalecer la intimidad para que el amor y la atracción crezcan y evolucionen.

17.1 La Importancia de la Novedad y la Aventura

La rutina es uno de los principales enemigos de la pasión en una relación a largo plazo. Introducir elementos de novedad y aventura permite que ambos sigan descubriendo cosas nuevas sobre el otro y sobre la relación misma. Explorar juntos nuevas experiencias fortalece el vínculo y mantiene la relación emocionante.

Ejemplos de Actividades que Rompen la Rutina:

1. **Hacer una lluvia de ideas de actividades espontaneas**: de pronto pueden salir muchas ideas para cuando creen que ya se cavaron las

actividades juntos, solo hay que iniciar una lluvia de ideas y estas vendrán.

2. **Aprender Algo Nuevo Juntos**: Tomar clases de baile, cocinar juntos, o probar un deporte nuevo permite crear recuerdos únicos.

3. **Cambiar el Escenario de las Citas**: En lugar de la clásica salida a cenar, intenta algo inesperado, como una noche de karaoke, un picnic nocturno o una visita a un museo local.

Una vez al mes, planifiquen una actividad nueva o espontánea. Esto mantendrá la relación llena de emoción y les permitirá descubrir nuevos intereses y experiencias compartidas.

17.2 Cultivar la Intimidad Emocional

La intimidad emocional es fundamental para que la pasión se mantenga en una relación a largo plazo. Cuando ambos pueden compartir pensamientos, miedos y sueños, crean una conexión profunda que fortalece el vínculo y la atracción. La intimidad emocional es un aspecto que debe cultivarse constantemente para mantener la conexión viva.

Una pareja que conocía mantenía una rutina semanal en la que dedicaban una hora solo para hablar de sus pensamientos, deseos y metas. Estos momentos íntimos se convirtieron en un espacio de conexión donde podían ser vulnerables y fortalecer la confianza mutua.

Encuentra momentos cada semana para compartir tus pensamientos y emociones más profundos. Esta práctica crea una base sólida de intimidad emocional que fortalece la relación y mantiene el interés vivo.

17.3 La Importancia del Aprecio Constante

El aprecio constante es una de las claves para mantener el amor y la pasión en una relación. Cuando ambos se sienten valorados, el vínculo se fortalece. Mostrar aprecio, tanto en pequeños detalles como en palabras, ayuda a que cada uno se sienta especial y valorado, creando un ambiente de respeto y cariño mutuo.

Ejemplos de Muestras de Aprecio:

1. **Notas de Agradecimiento**: Escribe pequeñas notas o mensajes de agradecimiento por los momentos compartidos o por las cosas que valoras de ella.

2. **Gestos Cotidianos**: Asegúrate de expresar gratitud y aprecio por los detalles que normalmente podrían pasar desapercibidos, como una comida que preparó o su ayuda en algún proyecto.

3. **Reconocimiento en Público**: Al hablar de ella con amigos o familiares, destaca sus cualidades y hazle saber cuánto la valoras.

Dedica un momento cada día para expresar gratitud o aprecio de alguna forma. Puede ser con una palabra, un gesto o una acción. Este hábito crea un ambiente positivo y mantiene la conexión fuerte.

17.4 El Poder de la Comunicación en la Intimidad Física

La intimidad física es una parte importante de una relación romántica, y mantenerla viva requiere comunicación y comprensión mutua. La comunicación abierta sobre las necesidades, los deseos y las expectativas de ambos ayudas a que la intimidad se mantenga satisfactoria y significativa. Hablar de estos aspectos no solo fortalece la confianza, sino que también permite que ambos se sientan libres para expresar sus deseos y sentirse valorados.

Encuentra momentos en los que puedas hablar de la intimidad de manera abierta y sin presiones. Esta comunicación debe ser respetuosa y empática, centrada en comprender las necesidades y expectativas de ambos para construir una intimidad física sana y satisfactoria.

17.5 Apoyar el Crecimiento Personal Mutuo

El crecimiento personal en una relación no solo enriquece la vida de cada uno, sino que también hace que la relación sea más interesante y significativa. Cuando ambos se apoyan en sus metas individuales y celebran sus logros, el vínculo se fortalece y la atracción se mantiene viva.

Anima a tu pareja a perseguir sus metas personales y apóyala en sus proyectos. Cuando ambos tienen un espacio para desarrollarse individualmente, la relación se enriquece y se mantiene fresca y vibrante.

17.6 Mantener el Sentido del Humor en la Relación

El sentido del humor es fundamental para que

la relación sea ligera y divertida. Compartir momentos de risa y encontrar la manera de reírse juntos de las situaciones difíciles ayuda a fortalecer el vínculo y a mantener una conexión positiva. La risa es un ingrediente importante en cualquier relación, ya que alivia el estrés y crea recuerdos felices.

Ejemplos para Mantener el Humor en la Relación:

1. **Anécdotas Divertidas**: Compartan anécdotas graciosas o chistes privados que fortalezcan la complicidad.

2. **Planes de Diversión**: Planeen actividades que fomenten la risa, como noches de juegos, ver películas cómicas o recordar momentos divertidos de su relación.

3. **Ríe de los Pequeños Errores**: En lugar de tomar cada situación seriamente, intenta ver el lado gracioso de los errores o situaciones inesperadas. Esto crea una atmósfera relajada y positiva.

Encuentra momentos para reír y disfrutar juntos. La risa crea una conexión profunda y te recuerda que, a pesar de los desafíos, pueden disfrutar y relajarse mutuamente.

Mantener el interés y la pasión en una relación a largo plazo requiere dedicación y pequeños esfuerzos constantes. Al incorporar novedad y aventura, cultivar la intimidad emocional, mostrar aprecio, comunicar abiertamente, apoyar el crecimiento personal y mantener el sentido del humor, puedes construir una relación que no solo perdure, sino que evolucione y se fortalezca con el tiempo. Este capítulo te invita a cuidar y nutrir el amor en todas sus facetas, manteniendo viva la chispa y disfrutando cada etapa de la relación.

DIECIOCHO

El Arte de la Seducción Intelectual y Emocional

La seducción no se limita a la atracción física; abarca la conexión intelectual y emocional, que es clave para construir un vínculo profundo y duradero. La seducción intelectual y emocional permite crear una conexión auténtica y significativa, basada en la admiración mutua, el interés genuino y la conexión emocional. Este capítulo te enseñará a usar estas cualidades para convertirte en alguien atractivo a nivel profundo y conectar más allá de lo superficial.

18.1 La Inteligencia como Atractivo Natural

La inteligencia no solo se refiere a los conocimientos académicos o técnicos; también abarca la curiosidad, la apertura mental y la capacidad de aprender y adaptarse. La inteligencia es un atractivo natural que despierta admiración y respeto. Demostrar tu inteligencia de forma accesible y genuina, sin arrogancia, crea una conexión poderosa.

Comparte tus intereses y conocimientos de forma conversacional y escucha lo que la otra persona tiene que aportar. Haz preguntas que inviten a la reflexión y muestra curiosidad sobre sus puntos de vista. La inteligencia es aún más atractiva cuando se combina con humildad y apertura.

Un amigo solía mostrar su curiosidad por temas de arte e historia, que apasionaban a su pareja. En lugar de alardear, hacía preguntas y escuchaba con atención, lo cual generaba una conversación profunda y enriquecedora. Al mostrarse interesado, logró fortalecer su conexión y demostrar su inteligencia de manera atractiva.

18.2 La escucha Activa como Herramienta de Conexión

La escucha activa es una herramienta muy útil en el arte de la seducción emocional. Cuando eres capaz de comprender y conectar con las emociones de la otra persona al escuchar, creas un espacio seguro donde puede sentirse valorada y comprendida. La empatía genera una atracción profunda que va más allá de lo superficial.

Durante las conversaciones, mantén contacto visual y escucha con plena atención. Evita distraerte o interrumpir, y demuestra empatía con frases como "Entiendo cómo te sientes" o "Eso debe haber sido importante para ti." Estas expresiones refuerzan la conexión emocional y hacen que la otra persona se sienta escuchada.

18.3 El Poder de la Vulnerabilidad como Atractivo

La vulnerabilidad puede ser un rasgo muy seductor cuando se comparte en el momento adecuado. Mostrarte auténtico y abierto a compartir tus propias emociones y experiencias permite que la otra persona se sienta cómoda y conectada contigo. La vulnerabilidad demuestra confianza y crea una conexión emocional fuerte y genuina.

No temas compartir tus pensamientos, miedos y deseos más profundos, siempre que el momento sea adecuado. La vulnerabilidad es una señal de que confías en la otra persona y estás dispuesto a ser honesto, lo cual fortalece la conexión y aumenta la atracción.

18.4 La Importancia de la Curiosidad y el Interés Genuino

La curiosidad genuina por los intereses, las experiencias y los sueños de la otra persona crea una conexión significativa. La seducción intelectual se basa en el interés mutuo y en las conversaciones que enriquecen la relación. Ser curioso y mostrar interés auténtico demuestra que valoras su mundo interior y que estás dispuesto a aprender de ella.

Haz preguntas abiertas que inviten a la reflexión y demuestren tu interés genuino, como "¿Qué te inspira en la vida?" o "¿Cuál es un sueño que te gustaría cumplir algún día?" Estas preguntas permiten que la otra persona comparta su esencia y crea un ambiente de confianza y admiración mutua.

18.5 Crear una Conexión Profunda a Través de Intereses Compartidos

Encontrar intereses y pasiones en común crea una conexión especial y duradera. La seducción intelectual y emocional se enriquece cuando ambos comparten algo que les apasiona, ya sea una afición, un tema de conversación o una experiencia. Estas conexiones construyen una relación sólida y atractiva, basada en la admiración mutua y el disfrute de momentos compartidos.

Descubre intereses y pasiones en común y dedica tiempo a compartirlos. Pueden explorar juntos un tema que les apasione, ver documentales o asistir a eventos relacionados con sus intereses. Estas actividades fortalecen la conexión y crean una atracción duradera.

La seducción intelectual y emocional va más allá de la atracción física y crea una conexión significativa y duradera. Al cultivar la inteligencia, la empatía, la vulnerabilidad, la curiosidad, la presencia serena y los intereses compartidos, puedes construir una atracción que se basa en la admiración y el respeto mutuos. Este capítulo te invita a desarrollar cualidades que no solo te hagan atractivo, sino que también te permitan conectar de manera profunda y auténtica con la otra persona.

DIECINUEVE

Cómo Ser un Líder Positivo en la Relación

El liderazgo positivo en una relación no significa controlar o dominar, sino ser una fuente de inspiración, apoyo y estabilidad para tu pareja. Ser un líder positivo implica guiar con empatía, tomar decisiones con responsabilidad y motivar a tu pareja para que ambos puedan crecer juntos. Este capítulo te enseñará cómo ser una influencia positiva y cómo asumir un rol de liderazgo que contribuya a fortalecer la relación.

19.1 Liderar con el Ejemplo: Inspiración a Través de la Acción

Un líder positivo inspira a través de sus acciones, no solo de sus palabras. Al ser coherente entre lo que dices y lo que haces, proyectas una imagen de integridad y confianza. Esta coherencia hace que tu pareja vea en ti un ejemplo a seguir y fortalece el respeto y la admiración mutua.

Sé coherente y actúa en línea con tus valores y promesas. Si deseas que ambos mantengan ciertos valores o hábitos, asegúrate de practicarlos tú mismo primero. Liderar con el ejemplo es una de las formas más poderosas de influir positivamente en la relación.

19.2 Tomar la Iniciativa en la Resolución de Conflictos

Un líder positivo no teme abordar los problemas y tomar la iniciativa para resolverlos de manera constructiva. Cuando eres capaz de enfrentar los conflictos con calma y disposición para buscar soluciones, le das a tu pareja una sensación de seguridad y apoyo. Esta actitud refuerza la estabilidad y evita que los problemas se acumulen o se intensifiquen.

Cuando surja un conflicto, mantén la calma y aborda el problema de inmediato, sin esperar a que la otra persona tome la iniciativa. Pregunta cómo se siente y expresa tu disposición para resolverlo en conjunto. Esta actitud evita que los conflictos se acumulen y muestra que te importa el bienestar de ambos.

19.3 Establecer una Visión de Futuro Clara y Compartida

Parte del liderazgo en una relación consiste en guiar hacia un objetivo común. Al establecer una visión compartida y mantener el enfoque en los objetivos de la relación, ambos pueden avanzar con un propósito claro. Esta visión no solo proporciona dirección, sino que también crea motivación para seguir creciendo juntos.

Discute con tu pareja sus metas y sueños, y visualicen juntos cómo quieren que se vea su futuro. Esta visión compartida les permite tener un propósito claro y les da la motivación para trabajar en la relación con determinación.

19.4 Ser una Fuente de Motivación y Apoyo Constante

Un líder positivo inspira a su pareja a ser la mejor versión de sí misma. Al apoyarla en sus metas y motivarla a seguir creciendo, fortaleces la relación y construyes una base de respeto y admiración mutuos. El apoyo constante demuestra que estás comprometido con su crecimiento personal y con el bienestar de ambos.

Anima a tu pareja en sus proyectos y metas, y celebra sus logros con sinceridad. Ser una fuente de motivación y apoyo en los momentos difíciles refuerza la conexión y te convierte en alguien confiable y admirable.

19.5 Tomar Decisiones Responsables y Justas

La capacidad de tomar decisiones responsables y justas es una cualidad esencial en un líder positivo. Estas decisiones muestran que valoras tanto tus necesidades como las de tu pareja y que estás comprometido con el bienestar de ambos. La responsabilidad en la toma de decisiones evita problemas a largo plazo y fortalece la confianza.

Cuando tomes decisiones importantes, considera el impacto que tendrán en ambos. Asegúrate de tomar en cuenta las necesidades y deseos de tu pareja, y explica tus razones de forma clara y honesta. Esta transparencia crea confianza y asegura que ambos estén de acuerdo con las decisiones.

19.6 Desarrollar una Comunicación Abierta y Transparente

La comunicación abierta y transparente es la base de un liderazgo positivo en una relación. Cuando ambos pueden expresar sus pensamientos y emociones con honestidad, se fortalece la confianza y se evita la confusión. La transparencia en la comunicación permite que la relación fluya de manera natural y evita malentendidos.

Fomenta una comunicación abierta donde ambos puedan expresarse sin temor a ser juzgados. Practica la escucha activa y asegúrate de que tu pareja se sienta comprendida y valorada. Esta comunicación honesta es clave para una relación fuerte y saludable.

Ser un líder positivo en una relación implica guiar con integridad, tomar la iniciativa en los desafíos, establecer una visión compartida, ser una fuente de motivación y apoyo, tomar decisiones responsables y promover una comunicación abierta. Estas cualidades no solo fortalecen el vínculo, sino que también hacen que tu pareja te vea como un compañero confiable y admirado. Este capítulo te invita a convertirte en un líder positivo que inspira, guía y apoya de manera equilibrada y respetuosa.

VEINTE

Construyendo una Vida Plena: Más Allá de la Conquista

La atracción y las relaciones son solo una parte de la vida. Construir una vida plena y equilibrada implica enfocarse en todos los aspectos que contribuyen a tu bienestar integral. Una vida plena te permite ser una persona realizada y feliz, independiente de las relaciones que puedas tener. Este capítulo explora cómo cultivar la autorrealización, el bienestar y el propósito personal para crear una vida que se sienta completa y satisfactoria.

20.1 Definir tu Propósito y tus Metas Personales

Tener un propósito claro y metas personales te da una dirección en la vida y un sentido de realización que va más allá de cualquier relación. Un propósito definido te ayuda a concentrarte en aquello que verdaderamente te llena y te motiva, construyendo una vida que es plena en sí misma.

Tómate el tiempo para reflexionar sobre tus intereses, tus pasiones y tus valores. Establece metas que reflejen quién eres y lo que deseas lograr.

Al tener un propósito claro, sientes una motivación interna que te impulsa a construir una vida satisfactoria.

Un amigo dedicó tiempo a definir su propósito y a establecer metas relacionadas con su carrera y su desarrollo personal. Esta claridad lo llenó de motivación y satisfacción, lo cual le permitió construir una vida equilibrada y llena de significado.

20.2 Cultivar el Cuidado Personal y el Bienestar Físico y Mental

El cuidado personal es esencial para una vida plena y equilibrada. Dedicar tiempo a tu bienestar físico y mental te permite sentirte bien contigo mismo y tener la energía para enfrentar los desafíos de la vida. Cuidar tu salud y tu mente te ayuda a construir una base sólida para una vida satisfactoria.

Crea una rutina de autocuidado que incluya ejercicio físico, alimentación equilibrada, descanso y prácticas de salud mental, como la meditación o la lectura. Este enfoque en el bienestar integral mejora tu calidad de vida y te ayuda a mantenerte en equilibrio.

20.3 Invertir en el Crecimiento Intelectual y Espiritual

El crecimiento intelectual y espiritual es parte importante de una vida plena. Dedicar tiempo a aprender, explorar nuevas ideas y nutrir tu espíritu enriquece tu vida y te permite desarrollarte en todas las áreas. Este crecimiento te brinda nuevas perspectivas y una sensación de paz interior.

Dedica tiempo a actividades que nutran tu mente y tu espíritu, como leer, asistir a conferencias, practicar la meditación o involucrarte en actividades que reflejen tus valores espirituales. Este enfoque te ayuda a expandir tu visión y a conectar con algo más grande que tú mismo.

20.4 Construir Relaciones Significativas Basadas en la Amistad y el Apoyo Mutuo

Las relaciones no solo se limitan a las relaciones románticas; construir amistades significativas y redes de apoyo es vital para una vida plena. Las conexiones auténticas y basadas en el respeto mutuo te proporcionan compañía, apoyo y un sentido de comunidad, fundamentales para tu bienestar emocional.

Dedica tiempo a cultivar amistades y a construir redes de apoyo en las que te sientas cómodo y valorado. Rodéate de personas que compartan tus valores y que contribuyan a tu crecimiento y felicidad. Estas relaciones te proporcionan un ambiente de apoyo que enriquece tu vida.

20.5 Contribuir al Mundo: El Poder del Servicio y la Generosidad

Contribuir al bienestar de los demás a través del servicio y la generosidad es una de las formas más poderosas de enriquecer tu vida. Al ayudar a otros, encuentras un sentido de propósito y de conexión que va más allá de las metas individuales. Este enfoque te ayuda a ver la vida desde una perspectiva más amplia y a encontrar satisfacción en el servicio a los demás.

Encuentra formas de contribuir al mundo a través de acciones generosas, como el voluntariado, el apoyo a causas que te importan o simplemente ayudar a las personas a tu alrededor. Esta generosidad enriquece tu vida y te permite sentir una satisfacción profunda.

Conozco a alguien que dedicaba parte de su tiempo libre al voluntariado en su comunidad. Este compromiso no solo le dio una sensación de propósito, sino que también le permitió conocer a personas con valores similares y enriquecer su vida a través del servicio.

20.6 Disfrutar del Proceso y Valorar los Pequeños Placeres

Una vida plena y equilibrada se construye también en la capacidad de disfrutar del presente y de valorar los pequeños placeres. Vivir con gratitud y apreciar los momentos cotidianos crea una vida más rica y llena de satisfacción. La felicidad no siempre se encuentra en grandes logros, sino en la capacidad de encontrar belleza y paz en lo cotidiano.

Practica la gratitud y disfruta de los pequeños momentos de la vida, como una conversación agradable, un paseo al aire libre o una taza de café por la mañana. Esta apreciación de lo simple te ayuda a encontrar satisfacción en el día a día y a construir una vida rica en experiencias positivas.

Construir una vida plena y satisfactoria va más allá de la conquista o de las relaciones amorosas. Al definir tu propósito, cuidar tu bienestar, invertir en el crecimiento personal, construir relaciones significativas, contribuir al mundo y disfrutar del presente, creas una vida rica y equilibrada. Este capítulo te invita a vivir desde la plenitud y la autenticidad, disfrutando de cada aspecto de la vida y encontrando satisfacción en el crecimiento constante y en la conexión profunda con los demás y contigo mismo.

VEINTIUNO

Conviértete en el Hombre que Inspira y Atrae

Llegar a ser un hombre que inspira y atrae desde su esencia es un camino de crecimiento, aprendizaje y autoconocimiento. A lo largo de este libro, hemos explorado cómo desarrollar cualidades que van más allá de la apariencia superficial, centrándonos en la autenticidad, la confianza y la capacidad de construir relaciones significativas. Este capítulo final te invita a reflexionar sobre todo lo aprendido y a asumir el compromiso de convertirte en tu mejor versión.

21.1 Recordando los Pilares Fundamentales: Autenticidad, Respeto y Confianza

Ser un hombre atractivo e inspirador no se basa únicamente en técnicas o estrategias, sino en desarrollar una base sólida de autenticidad, respeto y confianza. Estos pilares son esenciales para construir relaciones que no solo atraigan, sino que también perduren.

Reflexión Final: Recuerda que la autenticidad es tu mejor herramienta; sé fiel a ti mismo en todo momento. El respeto hacia los demás y hacia ti mismo crea una base sólida para las relaciones, y la confianza que proyectas es el reflejo de tu seguridad interior y tu compromiso con tu propio crecimiento.

21.2 Construir Relaciones Basadas en la Conexión y la Admiración Mutua

Las relaciones auténticas se basan en una conexión profunda y en la admiración mutua. Al enfocarte en conocer y valorar a la otra persona en todos sus aspectos, construyes relaciones que enriquecen y que están fundamentadas en el respeto y la igualdad.

Reflexión Final: Ve cada relación como una oportunidad para aprender y compartir, no como un objetivo que necesitas alcanzar. La conexión verdadera se da cuando ambos se sienten libres de ser ellos mismos y se valoran mutuamente. Cultivar relaciones desde este enfoque crea una atracción duradera y significativa.

21.3 Aprender de Cada Experiencia y Crecer Constantemente

El proceso de atracción y de construcción de relaciones es también un proceso de crecimiento personal. Cada experiencia, cada relación y cada desafío en el camino son oportunidades de aprendizaje. Al mantener una mentalidad de crecimiento y estar abierto a la mejora continua, fortaleces tu capacidad de atraer y construir una vida plena.

Reflexión Final: Acepta que el crecimiento es continuo. Aprende de tus errores, celebra tus éxitos y comprométete a mejorar constantemente. La atracción real y duradera nace de una vida bien vivida y de un compromiso contigo mismo y con tu desarrollo.

21.4 Inspirar a Otros Siendo un Ejemplo de Integridad y Empatía

Un hombre que inspira es alguien que vive con integridad y que se preocupa sinceramente por el bienestar de los demás. La empatía y el respeto hacia las personas a tu alrededor reflejan tu carácter y te convierten en una persona en la que otros confían y valoran.

Reflexión Final: Sé un ejemplo de integridad y de empatía, y lleva estos valores a todas tus relaciones. Al actuar con respeto y compasión, no solo atraes a los demás, sino que también inspiras y construyes un ambiente positivo que enriquece la vida de quienes te rodean.

21.5 Mantener la Autonomía y el Equilibrio en Todas tus Relaciones

La autonomía y el equilibrio son fundamentales para mantener relaciones sanas y satisfactorias. Ser capaz de disfrutar de tu vida y de tu independencia sin necesidad de depender emocionalmente de una relación fortalece tu atractivo y te permite construir conexiones basadas en el respeto mutuo.

Reflexión Final: Mantén siempre tu autonomía y tu equilibrio personal. Cultiva una vida que disfrutes y que te llene de satisfacción. Las relaciones son una parte importante, pero no son la única fuente de felicidad. Al vivir desde tu plenitud, proyectas una atracción auténtica y duradera.

21.6 Agradecer y Celebrar Cada Etapa del Proceso

La atracción y las relaciones no son destinos finales, sino etapas en un viaje de autodescubrimiento y crecimiento. Agradecer cada experiencia y cada momento te permite ver el valor de cada relación en tu vida y te ayuda a mantener una actitud positiva y abierta hacia el futuro.

Reflexión Final: Agradece cada experiencia, cada persona y cada relación en tu vida. La gratitud te permite ver el valor de cada etapa y te ayuda a abrirte a nuevas experiencias. Cada paso en tu proceso de crecimiento personal es una oportunidad de aprendizaje que te lleva más cerca de tu mejor versión.

Reflexión y Compromiso Final

Con cada lección aprendida, te conviertes en alguien más consciente y preparado para construir relaciones auténticas y satisfactorias. Comprométete a aplicar lo aprendido, a ser auténtico y a buscar siempre la mejor versión de ti mismo. La verdadera atracción nace de la paz interior, de la plenitud y de la decisión de vivir una vida con propósito.

Mensaje de Cierre: Este libro es solo el inicio de un camino hacia una vida más plena y equilibrada. A medida que continúes aplicando lo aprendido, verás que la verdadera atracción y el éxito en las relaciones no se encuentran en técnicas externas, sino en la paz y la satisfacción que sientes al vivir con autenticidad. Conviértete en el hombre que inspira y atrae desde su esencia, y disfruta de cada momento de este viaje de autodescubrimiento y crecimiento.

Epílogo

Al llegar al final de este libro, espero que te sientas inspirado y listo para aplicar cada lección en tu vida. La atracción genuina y el éxito en las relaciones no son solo técnicas, sino el reflejo de una vida vivida con autenticidad, integridad y respeto propio. A medida que avances en tu camino personal, recuerda que cada experiencia es una oportunidad de crecimiento y aprendizaje.

Mantente comprometido con tu propio desarrollo y ten en cuenta que la verdadera atracción nace de una vida plena y de la paz interior. Ser el hombre que inspira y atrae no se trata de atraer la atención, sino de vivir en armonía contigo mismo y con los valores que sostienes. Que este sea solo el inicio de un viaje hacia una versión mejorada y más completa de ti mismo.

Recursos Adicionales

Aquí te presentamos algunas recomendaciones de lectura y herramientas que pueden ayudarte a profundizar en temas de desarrollo personal, confianza y relaciones significativas. Estas obras y recursos ofrecen conocimientos adicionales y ejercicios prácticos para continuar tu crecimiento personal.

- 1. "Cómo ganar amigos e influir sobre las personas" - Dale Carnegie. Un clásico en relaciones personales que enseña habilidades fundamentales de comunicación y persuasión.
- 2. "Los 7 hábitos de la gente altamente efectiva" - Stephen R. Covey. Este libro ayuda a desarrollar hábitos que aumentan la efectividad personal y profesional.
- 3. "El poder del ahora" - Eckhart Tolle. Este libro profundiza en el poder de vivir en el momento presente y la paz que se encuentra en la aceptación de uno mismo.
- 4. Meditación y Mindfulness: Apps como Headspace o Calm para prácticas diarias de relajación y autoconocimiento.
- 5. "Inteligencia emocional" - Daniel Goleman. Un estudio sobre cómo la inteligencia emocional impacta nuestra vida, relaciones y éxito.